幼兒保育概論

EARLY CHILDHOOD CARE

鹽川壽平、京極壽滿子◎編著　鹽川壽豐子◎寫眞

楊秀慧◎譯

推薦序

　　我都叫她秀慧，不稱呼她楊所長，原因有三：其一，她與我的女兒年齡相近；其二，她仍保持著教保人員親切的特質；其三，在工作領域上，我們常有互動，教學相長，感情融洽。身為所長的職務，她堅持教保工作的專業性，每一位合格的教保人員，都是不能隨意被取代的。

　　因為仰慕野中托兒所創辦人鹽川壽平女士，一生對幼教的付出以及對其教育理念的推崇，讓秀慧決定翻譯由鹽川壽平女士和她的女兒共同以文字及照片集結成的教學紀錄，它是一本直接經驗式的報導文學專書。期待她們對教育的傳承精神與使命感，讓我國的教保工作者，也願意和她們一樣擁有縝密、敏捷、寬闊的思路，進而去思考如何在不同的民風與環境中，帶給幼兒相同的身、心、靈的感動和正向發展！

　　有幸，在無意間，得知她在翻譯一本日文書籍，當時，我就只有一個反應：哇！秀慧的日文這麼高竿。當秀慧將初稿放在我手上時，她說：「借妳看，妳一定會喜歡！看完後要心得分享！」

　　我真的被感動了！我也把感動寫出來了……

每個字句、每段敘述、每個事件，都讓我像是活在書裡的情境一般。翻譯的口述方式；明確直接地表達了原創者的想法和感情。長久以來，由於她們對幼兒學習發展的深刻瞭解及執著的責任感；使她能穿透了幼兒生命的彩色泡泡；並能與幼兒在裡頭攜手同遊！堆砌著各式各樣的角落；體驗不同的生活戲碼，編織屬於幼兒知能的「中心花樣」；一圈又一圈的依序擴散。

　　野中托兒所的孩子們！你們真是幸福的娃娃……

　　感謝秀慧不吝分享，否則當下一個念頭就輕易帶過，那真不只是罵自己一句「膚淺」即可了事的！身為幼兒的照顧者，願您們都能閱讀到此書；也都能為自己寫一份座右銘，並且能「知行合一」！願共勉之～

葛榮華 謹識

序言

　　許久以來就常聽說孩子的世界裡遊戲越來越少，還有不會自己遊玩的孩子越來越多。

　　所以現在開始，幼稚教育者必須好好的重新反省幼教的教育本質。如果幼稚教育工作者無法擁有彈性的思考空間和多方面的想像力，那孩子們的未來大概無法有好的改變出現。

　　幼兒們都喜歡水、沙、土和能躲藏的地方，所以高大的樹木、小河、蝴蝶、蜻蜓、蟬、小狗、小貓、房間的角落能躲藏的地方……等都會是他們的最愛。如果能擁有以上這樣的環境和朋友，您將不會在這裡發現不知所措、發呆退縮、黏著大人不放的幼兒，因為這是一個能完全接受幼兒的地方，它能讓幼兒非常安心的探索和遊戲。

　　在幼兒的成長過程中，幼稚園、托兒所是幫助和培養幼兒成長的場所。在這次臨時教育審議會的最後結論中也提出：「幼稚園教育應該以遊戲為中心，讓幼兒跟身旁的人、事、物、大自然……等做最直接的接觸和體驗。」再者幼教最基本的目標是重視個別性和擁有同理心等，而以教師為主導、課程為中心的教學方式，是很難

從內在培育出有意志力、自主能力和具有善心的幼兒。

　　當面對變化無常的大自然時，身為幼教老師的您，會做怎樣的看待呢？您如何讓自己面對每一天的日子，讓自己擁有積極、快樂的每一天呢？

　　在教師非常努力設計的角落裡，幼兒的遊戲內容，不見得依照教師的想法進行，有很多內容的變化是教師們無法想像和預期的，裡面會發現很多的驚喜和樂趣。

　　期待能在我們有限的能力下，成為一位懂得幼兒並且陪伴他們在豐富的環境中探索和伴同一起成長的幼教老師。

　　這本書是昭和二十八年（西元1953）繼《大地保育》以後從野中托兒所的實際教保中所產生，非常歡迎各位能來批評指教。

野中托兒所所長

鹽川壽豐子

譯者序

　　寬闊的校園、一群快樂、自在的孩子，是我在大二暑假到野中托兒所參觀後留下的印象。

　　從畢業回國後就一直很想把自己參觀野中托兒所的感動，與朋友、同事分享。當我把這本書介紹給大家時，大家都被照片所吸引，但也會告訴我：「都是日語的，真希望能知道它的內容。」就這樣讓自己興起念頭將它翻譯出來，讓更多人可以分享這一份感動。

　　從翻譯的過程中，讓自己更加的體會、瞭解到鹽川壽平女士和野中托兒所的教師對幼兒們的用心，不管是校園的規劃、活動的設計和幼兒的生活細節等一切的一切，再次的感受到她們的用心，也讓自己再次的思考幼教工作的重點是什麼？告訴自己平常在對待幼兒時要更加細膩、用心才好。

　　在初稿完成時，有請幾位幼教前輩幫我潤稿，並給我一些意見，感謝她們的幫忙之外，其中多多幼稚園、錢園長寫給我的一段回饋：「從事幼教工作一、二十年，總覺得它浩瀚無窮值得探討的深廣無比，越是涉獵越覺自己渺小，需要學習的永遠學不完。野中

托兒所的教學模式，對幼兒來說，有如『人間天堂』，我也期盼或夢想有那麼一天能擁有或讓孩子在這樣的園所裡生活會是一件多麼幸福與快樂的事。」這樣的回饋，更加的提醒自己，要不斷學習、成長，並像鹽川壽豐子所長所言，期待能在我們有限的能力下，成為一位懂幼兒並且陪伴他們在豐富的環境中探索和伴同一起成長的幼教師。

　　謝謝介紹揚智出版社給我的林明寬老師、好友淑容小姐幫我訂正、校稿，還有身邊的好友給我的鼓勵，讓我可以順利的將它完成。也期待大家看完這本書之後也能得到跟我一樣的感動。

楊秀慧

目錄

第1章

沒有角落的角落教學一

京極壽滿子

幼兒很喜歡動物

　　幼兒對動物都有一份獨特的情感，並且經由自己的肢體實際和動物相處與互動，從中體驗到、學習到生命的意義。有很多的家庭因為環境的限制無法飼養動物，所以期許園所在允許的範圍內，可多飼養一些動物讓幼兒接觸。透過這個機會可以培養幼兒對生命的尊重和瞭解。

培養豐富的情感

　　當您對動物付出愛心，相對地動物也會回應您的愛。幼兒在與動物的相處中除了學習到如何照顧和愛護弱小之外，當遭遇到挫折或感到寂寞時，若無法從父母親、保育人員身上得到安慰和瞭解，就可從動物身上尋求支持和安慰，無形中帶給幼兒許多精神上的安定感。

　　因此，幼兒、青少年時期，能與動物一起生活是一件重要的課題。

「小白，怎麼了？想睡覺嗎？」▶
「累了嗎？」

▲小依姑娘，你這有黑白線條的藍色洋裝那裡買的呀？好時髦喔！

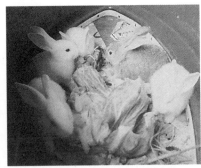

▲ 今天我是第一位到學校的，我來念故事書給
　你聽。

▲ 住在蹺蹺板下面。咪咪媽媽生的小白兔，現在

▲ 小雞，你再等一下。你最喜歡吃的高麗菜馬
　上就會切好了。

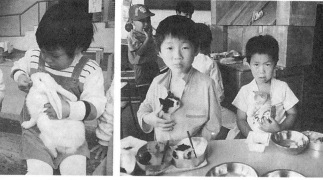

▼ 現在是我們的吃飯時間，請先安靜一下好嗎？

► 小白兔，你也想吃仙貝嗎？請你吃。

◄「喂！讓我跟你們一起玩辦家家酒好嗎？」
「不行，你到鍋子裡面，當我們的鏟子好了。」

▲喂！小白兔跟小貓咪說句話吧。

▲走吧！我們到附近的超商去，把剩餘的蔬菜要回來吧！

智慧、活動力和責任心的養成

飼養動物也是一種責任，不能只是覺得可愛時抱牠一下、覺得麻煩時就像是借來的東西一樣任意還回。一旦決定飼養後，首先要預備（合適的場所，確定飼料放置處等）角落的設置，等到動物進入後，有關清掃、餵食、運動、觀察健康狀況、生產……等的工作，是一天也不能馬虎隨便的。

▲蠑螈，你怎麼可以在牆壁上走路呀？是誰教你的呀？還有你的肚子是紅色的耶！

幼兒照顧這些動物，必須要認眞面對的課題是：「如何與同伴一起思考、討論飼養的辦法，從思考、協調和面對問題的過程中培養幼兒社會性的學習。」如幼兒用遊玩的心態是無法完成此項工作。

飼養過程中可能發生的問題，如飼養的場所破損、待修，被其他動物攻擊、動物之間打架互相咬傷、抓傷，甚至逃走或鄰居的反對抗議等等，幼兒們會陸續發現有很多想像不到，而且很麻煩的難題一直出現。然而這些都是非常重要的必經過程，因爲當孩子們勇於面對問題，同時想盡辦法來解決問題之後，這些寶貴的經驗將奠定幼兒未來面對問題及解決問題的能力。

▶「喂！小朋友，我又沒有做什麼壞事，為什麼人們都不喜歡我呢？」
「沒關係，我瞭解喔！來聽一下我們的園歌。蛇、青蛙和泥鰍先生們，我們一起去種田，雖然滿身都是泥，不過大家都是保育所充滿活力的小朋友，我們大家都是好、朋、友。」

◀「喂！小朋友再沉下去一點啦。」
「好啦！我知道了，不過我的背好癢喔，你可不可以下去一點呀？」

▲ 咪咪，你是肚子痛嗎？還是感冒了呢？可是我們每天都有陪你去醫院打點滴，爲什麼你還是死掉了，爲什麼呢？

▲ 好可憐的咪咪喔！再挖深一點吧！

不同歧視的態度

照片中有一位小朋友抓著小鳥、另一位抓著蛇，您的直接反應是什麼呢？可以想像一般人的反應是：「小朋友的手上站著一隻可愛的小鳥。」而另一種反應是：「哇！好可怕，她怎樣敢抓蛇呀？趕快逃離。」為什麼會有這樣子的不同呢？是因為蛇的外表比較醜，還是它的樣子跟別的動物不一樣，所以沒有辦法接受呢？

當幼兒知道這隻蛇無毒時，他們也如同對待小鳥一樣疼愛牠、與牠分享一切。一位從小就能疼愛一切自然事物的人，將來不管面對任何人，相信也同樣能敞開心胸接受和對待。

▲咪咪，你到天堂去吧。你放心我們不會忘記你的。

從「死亡」中學到生命的寶貴

　　幼兒將會面臨到由於自己照顧不當或因生病、發生事故、年老等因素，動物而去世的問題。對於面對一直陪伴自己如同好朋友般的動物死亡時，是一件極其傷痛的事，但幼兒從中將能體會到生命的重要性。

　　為什麼動物會死亡，為什麼自己會這麼傷心、難過，幼兒們會有自己的想法。不過，要認識生命的重要性，確實必須透過有生命的物體才能真正體會和學習到。

　　透過飼養的過程和親身接觸，相信可以培養幼兒真正從心裡發出對待生命的憐憫與溫柔，進而尊重、愛護自己的生命。

注意事項

1. 飼養可以擁抱的動物為佳，如小白兔、貓、小狗、小雞、小鴨子、土撥鼠、黃金鼠、小鳥、蛇……等。
2. 星期假日等休息時不要忘記餵食的工作，學校有活動而很忙碌時，也不可疏忽了照顧的事情。
3. 要把飼養當做是保育工作的一環，它跟幼兒一樣每天都要一起生活。
4. 為了得到家長的認同，所以要慢慢的灌輸家長這方面的觀念。

在這個時代，悶在家裡，一直看電視、玩電動玩具的孩子很多，越是如此，更要讓孩子走出自己的房間，到大自然的懷抱裡玩。

走出戶外接近大自然

擁有心的綠洲

　　幼兒期是最能靈活運用自己時間的時期，如果每天只在狹小的園所和家裡來回，實在是非常可惜。若在溫暖的春天和寒冷的冬天裡，都可以離開園所到外面走一走、看一看。您將會發現即使只是到附近狹小的地方，幼兒們也會像被解放到天空中的小鳥般的跑來跑去、到處跳躍，全心全意的用身體體會大自然，吸收著日月精華。

　　在這個快速變遷的時代裡，要讓孩子擁有一顆充沛活力、永不枯萎的心來面對未來的生活，就必須透過戶外活動不斷的讓幼兒探索新鮮事物，保持對生活周遭的好奇。

散步是一件重要的事情

　　現代的人大都利用車子來代步，不太容易看到父母帶著幼兒輕鬆散步欣賞著沿路風景到園所上學的畫面。即使假日到戶外遊玩也大都以車代步，所以在現今社會不管是大人或幼兒走路的機會都減少許多。

　　每個人都應該擁有健康的身體和強壯的腳力，才能自由自在的參與各項活動。因此平常帶領幼兒在園所的附近散散步，就算走的不遠，對幼兒來說都是一種不同的體驗，同時視野也向外擴展了一大步。透過散步培養幼兒喜歡走動、增加行動力，更養成幼兒凡事都能平心靜氣去面對的涵養與習慣。

▲ 走吧，一起到河川裡看看。你知道嗎？這裡以前是被稱爲海濱沙灘的地方喔，是小孩子們的游泳場
　所喔，可是現在的水只有到我們的腳踝了。

▲ 爬山去吧。一起到森林中探險、尋找寶物吧。

◀ 到田裡的路上，我們發現了大雨過後的排水口。
沒想到在鄉間小路上有像小河一樣的流水，我們
就玩了起來。

大自然是非常好的教材

一朵小花、一片葉子、一顆小石頭或一根木棍……等。這些看起來不起眼、微不足道的東西，卻是幼兒遊戲的起源。對幼兒們來說在大自然的世界裡永遠有找尋不完的寶物和學習不盡的知識。

華花環、草笛、竹葉帆船等等、利用花草所製作的童玩，以及利用橡樹的果實、松果所設計的遊戲；更有許多地方可以發現蜻蜓、蟬或蝌蚪變青蛙等大自然奇妙的景象。

我們期待幼兒不管到任何地方，會在自然的環境裡探索與遊戲，快樂的在遊戲中學習。

發現、探索、探險的地方

怎麼會有這麼多從來不知道的事情呢？這荊棘怎麼會纏人？還有那麼多困擾人的事發生！好玩的事情好像還有很多，更多的祕密等我們去挑戰呢！

▲到附近的公園。哇！風的慶典。

▲呀！小心！沒想到在石頭上走路是這麼困難。喂！冬天的散步讓你有什麼收穫呀？

▲經過一直保護著我們的富士山和靜岡的名產茶葉的茶香的陪伴下，展開我們的畢業旅行。步行出發A
組15km、B組12km、C組8km。小白、小富也一起參加了畢業旅行。旅行結束後大家就要分離了，
也將要告別時常散步的托兒所階段。

　　幼兒從山上、森林、河川、社區的街道、原野、空地、神廟……等自然
或人工製造的角落，發現了洞穴、山崖、躲著妖怪的大樹……等，探險的樂
趣比電視的卡通有趣多了。

　　對於回到家只面對電視的幼兒而言，在大自然的世界裡不但可以思考、
累積不同的經驗，更可以從中體會到事物的真象、科學宇宙的千變萬化。

　　讓我們走出戶外一起去探險吧！

保護大自然、瞭解社會規範

　　幼兒體會大自然所帶來的樂趣之後，自然就會愛惜大自然。不管何時何地都會珍惜它、愛護它。走出家門才能學到社會的各種規則，不弄髒，不給周圍的人添麻煩。話雖那樣，有時大人對待垃圾的認知實在是太差了。

注意事項

1. 保育人員要事先做詳細的規劃，對將前往的環境要有一定的認識和調查，一切以安全為考量。
2. 每次出門最少一定要有兩位以上的保育人員，如果可以最好能夠邀請一、兩位家長參與。
3. 乾、溼毛巾、急救箱、替換衣物、零錢（打電話用）等物品一定要攜帶。
4. 對於要前往的地區，是否需要事先申請或告知場地主人等等事宜，必須事先做好聯絡工作。
5. 記得帶清潔用品、垃圾袋，離開時一定要將環境整理乾淨不能留下任何垃圾。
6. 不要讓戶外教學變成形式上的活動，而走馬看花的草草結束。保育人員要隨時注意幼兒的反應，一定要和幼兒一起探索、一起發現新事物。

哇！好大的向日葵

找尋容易種植、變化明顯的材料

向日葵的莖部比幼兒的身高高二、三倍，花比幼兒的臉還要大，葉子也比幼兒的手大了好幾倍。小小的一顆種子，長大後卻會變出了數都數不完的種子。

五月分種下、九月分即可收成，在這四個月的成長過程中，向日葵會面臨因為被麻雀、颱風侵襲，而七零八落，讓照顧者過著忐忑不安的日子。但是幼兒們卻可因此清楚的看到向日葵充滿生命力的一面。

而幼兒成長就像是充分吸收了陽光和水分，經過大地的灌溉才能茁壯成長的向日葵。

期待在校園的某一角落，都能有一個可以觀察、種植的地方，因為這是幫助孩子體驗偉大的自然生命最好的教學。

種植的過程中有好多好多可以學習

1.選種子

飽滿、鼓起且結實的種子就是好的種子。把種子放入裝水的容器中觀察，幼兒會發現比較重的種子往下沉，那就是營養夠充足的好種子，就像我們吃得營養也會長重量一樣的道理。

▲操場的邊邊，雖然沒有雜草，但土好硬喔！

◀挖好了嗎？我試看看，
幫我拿一下帽子，我把
頭放進去看看。剛剛好
耶！應該沒有問題了。

◀ 在2個月後的夏天裡，剛好是我們在
托兒所過夜的日子。噓！當大家安靜
下來時可以聽到向日葵葉子擺動的聲
音。

◀ 看到花開的那一瞬間的快樂，是紙筆
也無法形容的。抬頭望向天空時，可
以看到自己親手種的向日葵時，「老
師！您看花開了」、「媽咪！快來看」
真希望把這份喜悅分享給周圍的朋友
們。

▲為了趕走麻雀使出作戰計畫。麻雀
們！你們只要一靠近，就會看到可怕
的鬼出現喔。

2.挖洞（鬆土）

要挖多深呢？最好是挖到可以把頭完全放入的深度，邊測量邊挖吧。拿大鐵鏟來挖會比較輕鬆，種子之間的距離相隔一個手腕長，為什麼呢？一起來想一想吧！

3.肥料

放入一坯雞糞在洞底，可以讓花開得更漂亮嗎？在雞糞上蓋上土埋好洞穴，結果卻看到挖的洞穴不見了，又變回原來的樣子，為什麼要在辛辛苦苦才挖好的洞穴裡放入臭臭的雞糞之類的東西呢？是因為它會變成土地的食物嗎？或是它會變成種子的食物呢？

4.播種

接著，在蓋上混合土的洞穴上用手指頭挖一個小小的洞，把向日葵的種子完全放入，然後蓋起來，再將周圍的土稍作整理，播種工作就完成了。

5.澆水

水、太陽、肥料是向日葵最喜歡的食物，早上入園要幫它澆一次水、吃完午餐後也要記得再澆一次水。每天都要給它充足的水分。

6.發芽了

大約經過五天左右，埋在土裡的種子開始舞動、發芽了，種子的皮就會變成芽的帽子。

每天都會聽見幼兒大叫著：「你看、我的發芽了！」、「我的也長大出來了！」然而在驚喜聲之外，也會有一些淒慘的情形，例如，不明原因的只有剩下莖，其他都不見了，還沒有出現就被吃得只剩下皮的現象，這是幼兒面臨問題、接受困難的第一關。

7.對付天敵——麻雀的方法

麻雀最喜歡吃的是剛長出來的雙嫩芽，只要嚐過一次之後，牠們就會天天來報到，把所有的嫩芽都吃掉。那麼幼兒就無法看到向日葵的成長了，怎

▲向日葵先生你看，大家都往游泳池的方向跑，一群脫光上衣的小孩們一溜煙都不見了。

▲呀！必須連根拔起。好重哦！好硬哦！沒關係我們兩個人一起拔，還是不行，那我們三個人一起試試看。呀！根部有在搖晃了，你到前面拉看看吧。

▲來看，跟我們的身高比比看，有三個人加起來的高度耶。有380公分那麼高哦。

麼辦才好呢？當嫩芽一直被吃掉時，幼兒們會因生氣而商量、討論出好多有趣的想法和作法。例如，「可以每天巡視呀！」、「晚上可以有人輪流留守！」、「可以把麻雀都抓起來！」、「嚇牠們，把牠們都趕走！」、「用槍打牠！」……等。

　　當出現困難、遇見問題時如何解決與面對才好呢？透過無法掌握的大自然讓幼兒們體驗、思考、嘗試、煩惱、解決、面對問題……等的經驗，所以大自然就是最好的教材。

　　幼兒經過兩三次的修正、努力，如果還是無效時，可以向家中的爺爺、

▲快來看，原本只是一小顆的種子，現在變成這麼厚實的種子。有點像「鈕釦」、「饅頭」也像「太陽」，真是不可思議呀。

奶奶求救，詢問方法、吸取經驗，漸漸的把植物園區變成跟鄉下的農田一樣。

　　當嘗試用聲音來嚇走麻雀都無效時，幼兒們會開始嘗試著用塑膠袋來蓋或用易開罐的空瓶、玩具……等的用具來蓋住嫩芽，或者將類似網子有小洞洞的東西釦在嫩芽上面就可以防止腐爛。

　　身為保育人員，不要只是急著要嫩芽快快長大，應該先把自己懂得部分隱藏起來，這麼做並不是浪費才能或不盡職，而是讓幼兒自己想盡辦法、用盡心力照顧嫩芽長大。實際從這些過程中體會與學習到認真付出愛的成果，這麼用心的教育方式大家應該可以體會才對。

8.不斷長高的向日葵

　　枝幹從一枝變二枝，葉子也不斷的在增加。跟自己的身高一比較就會發現到它們的成長。午休前只到自己的脖子高度的向日葵，一覺醒來後已經高到眼睛了。實在太讓人驚訝了，所以千萬不要讓幼兒錯過這階段的體驗和觀察。

▲ㄎ、ㄌㄧ、ㄎ、ㄌㄧ、ㄎ、ㄌㄧ。喀拉、喀拉、喀拉。把指甲都弄痛了,算一算,種子的
數量真是嚇人呀!數一數超過兩千顆喔。

9.花苞長出來了

經過二個月左右的時間，向日葵的花苞長出來了，幼兒想看卻看不到，因為它有兩公尺那麼高。所以幼兒們會請保育人員或父母親來接送時抱著他們上去看看，看到花苞的樣子是多麼快樂的一件事呀。

10.花開了、花開了、向日葵的花開了

「叭！」會發出這樣的聲音嗎？當聽到像拍手的聲音時，向日葵的花開了。大自然的偉大可以從這一瞬間體會、感受到。

這份感動和喜悅就是為什麼我們選用這個花材的重點。

11.收成果實

經過三個月之後，向日葵的花長大了，也開始停止成長。停止成長之後的向日葵會有大量的果實出現，這對幼兒來說又是一件非常不可思議的現象，再次呈現了大自然的神奇。

不過在果實成熟階段裡，還必須度過颱風、麻雀等天敵第二次、第三次的破壞，再者幼兒們會面臨被颱風刮倒或被麻雀吃掉等自己也無法處理的情況，這時在保育人員的指導下架設支架，用網子把花蓋起來以保護果實的安全。

等待四十天左右果實就會完全成熟而開始掉落，這時將向日葵連根拔起，幼兒彼此之間先比較向日葵的長度之後，再將種子剝下來。竟然可以剝下一千、二千粒以上數都數不清的種子來呢！

再往向日葵拔起來的洞裡看看，之前放下去的肥料怎麼都不見了？跑到那裡去了呢？這些沒有養分的土壤，必須加入一些肥料再把洞蓋起來會比較好吧！

12.果實要吃掉，也要保存

用平底鍋輕輕的炒，熟了之後用門牙咬開、將裡面豐滿、肥厚白色果實吃掉。那香味在口中散開來，是多麼幸福的時刻呀！

保留一些明年要種的種子，將它帶回家直到升上一年級之後再將它種在土裡。

當向日葵開花時，幼兒們的笑聲此起彼落、令人難忘，所以這是個可以永遠聽得到笑聲的角落。

注意事項

1. 每年都要記得保存一些種子，這個傳統一定要傳承。如果當年沒有好種子也必須想辦法找尋好的種子出來。最好找可以開很大的花不是開很多小花的品種。通常都找尋俄國向日葵的品種比較好。

2. 不需要求幼兒做仔細的觀察記錄，或要求幼兒畫下它的成長情形。只要讓幼兒享受種植的快樂，實際體驗植物成長過程的感動就是幼兒時代的自然觀察了。

3. 保育人員要種植數棵備用，以預防中途幼兒們所種的向日葵無法成長時補充之使用。

大家來種番薯

跟土裡的蟲、樹根玩遊戲

原來跟朋友一起合作，想辦法將比自己身高還要高、根非常深的雜草拔除是這麼有趣的感覺。將拔除的雜草放在白色的紙上觀察，才發現根部的形狀都不同，各有各的特色，眞是有趣。發現這個樂趣後，幼兒們會再接再勵多拔一點來比較。

不過最有趣的還是在鬆土過程中，從土裡鑽出來的蟲子，有蚯蚓、螞蟻、昆蟲的幼蟲

等，好多好多像在夢中才可以遇見的蟲子都出現了。幼兒們會因這些蟲子的吸引，而將拔草、鬆土的工作都給忘記了。反而可以發現幼兒們把昆蟲裝起來帶回學校，非常認真的找尋圖鑑辨識，並仔細的觀察它們。

　　因此最後的犛田、施肥等工作，就有賴大人來幫忙完成嘍！

▲附近的居民說地瓜快被雜草給掩沒了。快拔雜草喔！

◀把苗插入土裡，讓它朝南躺下後，再幫它蓋上土製棉被。

神秘的種苗

　　春天的時候，幼兒們種植了很多的植物，有向日葵、牽牛花、白蘿蔔、黃瓜……等，都是一顆顆的種子，地瓜為什麼不是種子？而是沒有根的一條莖呢？

　　只是一條莖怎麼長出很大的地瓜呢？好奇怪？幼兒們抱持著不可思議的心態等待著它的長大。

▲挖地瓜了。將地瓜藤蔓拉近身邊時，真的有地瓜連在下面耶！真新奇。

除草、拔除多餘的藤蔓

　　地瓜藤不斷的長大，野草也混雜在一起，不斷成長所以必須小心翼翼的才能完成除草工作。在炎熱的太陽下除草是非常辛苦的，所以幼兒從親自動手的過程中瞭解到種植的辛苦，更可以體會到自己動手栽種的快樂。

　　單靠幼兒們的能力是無法全部將野草拔除乾淨的，所以父母親可以抽空幫忙、協助。須拔除多餘的莖部（為了要讓地瓜能成熟、長大，地面上的莖部都要拔掉），這部分的工作可由大人幫忙完成。

收成的喜悅

　　一眼望去，田裡、一片綠油油的藤蔓。幼兒興奮的跳入田裡去。平常大人們在收成地瓜時，都會先把藤蔓的部分割除，搬離後再用鋤頭把地瓜挖出來。而孩子們卻是一抓住藤蔓就用力拉，將地瓜拔起後再把地瓜找出來。這種不透過工具而用自己的雙手來挖地瓜，對幼兒來說是比較有趣的收成方法。

　　在活動過程中聽不到幼兒的抗議聲，只有聽到當地瓜被拉出來時快樂的歡呼聲。等待歡樂收成的一天已經好久，原來種下的只是一根小樹苗，卻長出了這麼多地瓜，真是讓人感動。收成的這一刻讓幼兒更加體會到大自然的神奇和珍貴。

　　要將收成的地瓜，放到塑膠袋裡帶回學校時，這些平常生活富裕、習慣依賴車子代步，又不曾提重物的幼兒們，當面對自己辛苦種植、親手採收的地瓜時，潛在的力量也同時出現了，會靠自己的力氣堅持將它搬回學校。

　　幼兒們提著四、五公斤重的地瓜，走了將近二、三公里的路程回到學校，這股堅定的力量真是值得我們重視和尊敬。

▲雖然2人必須提10kg重的地瓜走3km的路程，但自己收成的部分，我一定要自己提回去。

▼ 洗一洗、切一切，用石頭把
　　鍋子磨一磨後可以煮出一鍋
　　香噴噴的地瓜喔。

▲丫，煮熟了、煮熟了。兩鍋滿滿的地瓜。你知道
　　嗎？它一下子就會進入全園的幼兒肚子裡。哇！
　　真好吃，真滿足呀。

吃地瓜了，真是幸福的時刻

收成後如果田園旁就有水源，可以帶著鍋子馬上料理和食用，這樣更可以直接體會到自己用心良苦後得到成果的喜悅。但是設備如果不足的話，就拿回園所後再處理。

除了幼兒們要帶回家的部分外，其他的地瓜可由園所保存起來，做成各種不同的料理。在寒冷的早晨可將地瓜放入窯子裡烤熟，等幼兒一入園時就可以吃了，不但可以滿足幼兒的口腹之慾，也可以感受到滿心的幸福。

地瓜的種植期在六月，收成期大概是在一、二月分，就像一齣漫長的連續劇。所以此活動可統整所有課程和教材，在課程中包含戲劇、勞作、歌曲等教學活動。不管是在園內或戶外，儘可能尋找一塊可以種植的土地，將這種植活動帶入教學領域中。

注意事項

1. 五月中就必須準備好場所和地瓜苗，找尋願意把沒有在種植的土地借給我們的人，還有願意把多的地瓜苗便宜的賣給我們的農家。
2. 有很多的事必須依靠大人協助，所以事前的準備工作必須要完善。
3. 如果農地離園所比較遠可以把活動改為戶外教學，讓幼兒帶著便當，順便親近周圍的大自然環境，所以保育人員必須先瞭解周圍的環境。
4. 保存用的地瓜要先放在通風處二、三天後，再放入紙袋中保存。冬天時容易凍壞、臭掉，所以要將它放入紙箱中並且置於室內才可保存較久。
5. 地瓜是一種容易種植的蔬菜，它只需要有陽光及適當的水分和一、二次的施肥就可以了。

登高、跳遠、過獨木橋、垂吊

　　幼兒期的孩子亂蹦亂跳、到處跑、到處探索、爬高、跳躍、橫度平衡木、垂吊……等，是一段用自己的身體來測驗自己能力，同時也會盡力遊玩的時期。

　　一般的家中，可以供爬高、跳躍的地點有限，因此在園所內必須儘量設計可以供幼兒增進運動能力的角落。

◀ 在教室裡是還不錯啦，不過能看看外面的世界更好。乙，可以看到全世界耶！其實我是在修理鯉魚旗桿的線啦。

▲呀、呀、快要掉下去了。喂、你那邊再用力一點哪？

▲ 園長說：「如果那麼喜歡爬，好吧！就在教室裡裝一隻爬竿吧。」所以要到二樓的樓梯就很少有人使用了。

向自己的能力挑戰、瞭解自己的能力

「從出生到站立，站立後到學習走路。」人生就像學習走路一樣有階段性，一步一步的往另一個階段邁進。

爬高、跳躍這些行為也是人類發展的一個自然階段，經常看到二、三歲的幼兒嘗試著從很小的階梯上「嘿咻、碰」往下跳，而且不斷來回地玩著這個遊戲，透過這遊戲瞭解自己的能力。

幼兒會不斷的嘗試從積木上、椅子上、桌子上、衣櫃上往下跳，還會不斷地嘗試將每一次的目標往前邁進，來向自己的能力挑戰，雖然只要一不小心、就可能會受傷，但只要有信心就會繼續嘗試下去，直到瞭解自己有那些能力為止。

▲不管是早上到園所、午睡起床或回家說完再見之後，我第一個想到的地方就是這裡，什麼？原來這棵是桑樹呀。

▲我們是一群只要可以爬的地方就會去挑戰的好兄弟。你看這一排鐵架就像我們的飛機攀爬的遊樂器具一樣，讓我們可以在上面垂吊、懸掛。

◀我才一歲喔。從這裡可以到動物的屋子裡嗎？ㄥ、ㄥ⋯⋯還是退後吧？

▲三根電線桿接在一起，全長大概是30m的橋樑。準備往前跳的我今年五歲。而慢慢往前移動的我今年四歲喔。看看前面比較低、一步一步移動的我今年三歲。接觸樹木的感覺真舒服。

▲看我是猴子喔。泰山的我正吊著繩索過去呢。大家一起來玩泰山的遊戲吧。

▲哇！往下跳的瞬間真是無法用語言來形容，感覺真好。

得知失敗為成功之母

　　光是爬上高處往下跳這個動作，幼兒們也得從很多的嘗試、失敗，再加上不斷的練習後才能成功。所以從跌倒、摔跤等小小的失敗經驗中，瞭解到這些階段是成功必須經過的過程。

　　因而克服了害羞的心態，也成熟了面對困難解決問題的能力。

　　透過這些過程，相信能讓幼兒擁有更多的自信，來面對往後的人生階段。

▲樓梯爬竿不只可以吊著走喔，它還可以兩隻手兩隻腳一起從上面走過去呢，但血液好像都倒流到頭部和頸部，真難過呀！

積極的安全教育

「親身體會」意味著如果一直不斷地禁止幼兒爬跳，幼兒就無法因而學習體會到自己有那些能力，卻反而在大人不在場時發生更大的傷害。

一味消極的禁止幼兒的行為，倒不如讓幼兒用自己的身體去體驗和嘗試，才能清楚的瞭解何謂危險範圍。這樣積極的安全教育，是比較好的方式。

擁有良好的運動能力，相對的能帶動好的集中力和認知能力

現今幼兒手腕的力道、腳力……等都有減弱的現象，所以要提供更多如爬行、爬高、垂吊、抓取、平衡、跳高……等的機會讓他們練習。

這些活動除了可刺激幼兒全身的運動神經、培養平衡感和更強的力道之外，還可培養專注力，都是必須集中全身力量才能完成。有了專注能力後自然也能提昇學習知識的能力。

培養幼兒擁有自己的夢想和勇於冒險的心

要向未知和不可能的任務挑戰，是一件非常冒險的事。懷抱著擔心、害怕的心情挑戰後，從中可發展出許多不同的場景和角色出來。不管是原始森林、會飛行的城堡或螞蟻窩裡的遊戲……等的夢想、想像的世界都能一一實現，它不但可以變成故事，還可以成為下一次繼續冒險的題材。

1. 要信任幼兒的能力，在旁守護著他們。如果大人想著危險、可怕等，一直這樣說、這樣看待的話，幼兒就會如您心意掉下來而受傷。

2. 對於剛學爬行或學走路的幼兒，大人在可以幫忙的範圍內陪伴在身邊，因為當他遇見困難時一定會向大人發出求救信號。

3. 不要拿幼兒和其他幼兒做比較，也不要製造幼兒彼此必須競爭的機會。讓幼兒依照自己的能力跟自己挑戰，如果超出幼兒能力範圍容易造成傷害。一切都由幼兒的自發能力和自己的能力相配合後形成。

4. 要讓幼兒清楚的知道不可以有壓人、推人或相互推擠等危險動作，要遵守秩序排隊等候。因此如何讓這些習慣內化是一件重要的課題。已經有人爬上去的地方就不再往上擠，當別人要跳下來時也不可以推他等等的安全教育是很重要的。要培養幼兒自主性的思考、能判斷危險性在那裡，而不需保育人員一直緊跟在旁指示才會保護自己。如果規定必須保育人員在旁不斷地提醒才行，那麼幼兒就很容易在保育人員看不到的地方受傷。

5. 在教室內可以爬、跳的檯子上面儘量不要放任何物品。那裡可以爬、那裡可以跳這些範圍和標準，務必讓園所全體的教職員工都知道、認同。戶外可有坡道、土山和凹凸不平的道路……等的設備。如果都是沒有任何危險性的平地，那積極性的安全教育將無法達成。

6. 一個在家中的行為不斷地被禁止的幼兒，無法衡量自己的能力範圍，不會適當的節制自己的動作、行為，因此容易出現我們無法想像的傷害和失敗。可想而知，父母的親職教育是一件很重要的課題，無論如何，都要確實執行。

建造自己的家

設置一個可以自己動手創作的場所

幼兒們會到處找尋、建造屬於自己的隱藏區域，即使只用一張蓆子也代表是娃娃家，還有教室的牆角旁、樹木下、積木或紙箱……等都可以變成他們的秘密基地。

過完年後，會發現一群大班孩子開始蒐集木頭要用來蓋房子，大人可以抓住這個機會儘量提供材料、道具給他們使用，讓幼兒自己動手建造一棟房子。

從設計、蒐集材料到動手蓋房子的過程中，幼兒逐漸的體會混雜在其中的辛苦和樂趣，因此態度也開始認真起來。

在房子的製作過程中，不但能讓幼兒學習到很多寶貴的經驗之外，完成後的房子也變成幼兒每天生活的據點。不管是吃飯、午睡都在房子裡面，比較華麗的連掛皮包的地方都有。幼兒們到畢業之前每天都可以在這個角落裡度過快樂、幸福的時光。

透過小組的組合培養幼兒的人際關係

透過大家的力量才能製作完成的房子，在製作的過程中會出現意見不合或有人不合群而自己行動……等的摩擦問題出現。

大家共同製作一個作品的過程中，是必須透過吵架、孤單、翻臉、群體責備、批判……等的考驗之後，再透過彼此的安慰、調解、協商後幼兒才能

▶走吧，去跟附近的木匠要一些舊材料。你看，我可以一次搬兩塊蓋大房屋的牆壁木材耶。

▼「喂！後面要拿好喔！」
「知道了，這個剛好可以當我們的柱子對嗎？」

▲要蓋一棟房屋必須要有堅固的樑柱才行。挖個洞把柱子埋下吧。耶！這竹子的根怎麼這麼深呀？

▶怎麼這麼難呀！小羊隊的想把床底板組合起來，可是板子的厚薄怎麼都不一樣呢？而且釘釘子還必須非常用力才行。

▲我們蓋的是金絲雀的巢（金絲隊），飛快地搬著材料。所有材料都不要切斷，中間要空出來作蛋的巢，大家可以輪流孵蛋喔。

清楚的瞭解到自己的角色和責任，並且學習到用正向的態度來面對問題，解決問題。

這是一個長時間的遊戲，保育人員只要在沒有危險的情況下陪伴他們、觀察幼兒的成長情況就可以了，其他一律交給他們自己處理、自行完成。

到小學後幼兒將面臨更複雜的人際關係，所以在幼兒時期裡希望能提供他們更多接觸的機會以培養幼兒敢面對處理自己的人際關係。

完全自主的社會性

自己的家要靠自己保護，因此當颱風下雨，幼兒們會非常擔心地前往檢

▲看！我們的房子是兩層樓喔。為了要讓柱子一樣高，可是非常辛苦的一件事哦。

查、探視，因而會發現馬馬虎虎所建蓋的房屋一遇到這種狀況就會倒塌。

再者，幼兒們還必須面臨另外一個大敵人，那就是中、小班的幼兒們，當大班幼兒開始敲敲打打的時候，中、小班的幼兒會非常感興趣，所以當大班的幼兒一離開，中、小班會趁虛而入破壞或拿走裡面的東西。

大班幼兒透過這個機會接觸到自己以外的班級，瞭解到人際關係並不是一件容易的事情，所以會討論輪流留守或幫中、小班的幼兒蓋一間房子，不然去告訴他們的老師等等，所以這是一個非常好的機會教育。

在面對同年齡的小組時，彼此會為了爭地盤、材料而出現偵查隊和戒備

▲完成了，二樓可以住兩個人喔。其實你知道嗎？我們是隱藏在森林裡的忍者啦！而且明天就換我睡二樓了唷。

……等的隊伍。但幼兒會慢慢的學著做溝通、互相協調、開始交流、訪問，逐漸培養出鄰居的友誼。

(裝潢完工)

　　最適合的裝潢是讓每一位幼兒都能充分的表現出自己的想法和創造能力，彼此都能動手試試看，將自己的想法做出來。

　　從確定自己房子的地點、畫設計圖到蒐集需要的材料和工具（如鐵鏟、木槌、鋸子、鐵鎚、釘子、尖嘴夾、繩子、線……等）能運用自如，彼此協力、合作，以及剛開始搭建時內部裝潢的考量、家具的擺設，到做名牌掛在門口上。會發現幼兒所取的名字還是充滿幻想的，跟現實世界有所差距，從整個過程中讓我們更加瞭解到幼兒的生活仍然以遊戲為主體。

▶ 打擾了！下次再來找你。小羊隊的房子真是高級呀。走吧，接下來去拜訪金絲雀的家吧。我們忍者可是很會敦親睦鄰的（這三組用石頭作成的聯絡道路，彼此交流）。

◀ 看這棟豪宅，不但有屋頂、地毯和鞋韁的庭園，連曬衣架都具備了。而且家具也都非常齊全喔。

他們所取的名字，包括：太空梭、小人、天馬、小羔羊、獅子、猩猩和侵略者（外星人）……等，從這些名字也可以知道時代的流行是什麼。

如果只顧到要完成房子，而連最基本的愛護、尊重生命都不知道，那麼這種教學活動會變成一點意義也沒有。

注意事項

1. 放置廢物利用材料的場所：要建造一間房屋需要很多的大型材料，所以有人翻修房子的時候，可以將廢料留起來，也可以請木匠幫忙蒐集一些不用的材料起來。材料最好是放置在幼兒隨時可以自由拿取的地方，所以要將廢料、廢材等集中收藏。

2. 木匠使用的工具：木槌、木槌、鋸子、鐵鎚等工具要放置在隨時可以拿取的地方。而真正要使用工具蓋一棟房子的年齡以五歲幼兒最適合，對三、四歲的幼兒來說還必須累積多一點經驗才行。

3. 工具、物品的收拾：教育工作的重點，是養成幼兒們的責任感，使用者要負責收拾、整理工作，做事要有始有終的良好生活習性。

4. 保育人員平常都會給建議，但在這個活動中幼兒們大都非常自動的工作著，所以保育人員只要儘量在一旁給予讚美、支持。如果遇到一直無法協調好的小組時，保育人員可以加入變成小組的一員。面對沒有精神、只說不動手的幼兒時鼓勵他們參與、加入活動中也是保育人員的工作之一。

5. 如果有幼兒直接拿木槌、鋸子、鐵鎚去鋸、釘樹木的行為出現時，要讓他們瞭解到樹木是有生命的也會疼痛，所以我們必須愛護、保護它們。

第2章

何謂角落教學

鹽川壽平

角落教學的廣大

　　現今開放教育的想法非常普遍，而其中又以角落教學最被大家接納、使用。因為它具有代表性的「開放教育」之效果。

　　可以確定的是，開放教育是一種把幼兒們從禁止、壓迫的教育中解放出來。讓幼兒可以自由的挑戰、探索周遭環境，充分的表現自己的個性和能力的理念。

　　而且角落教學主張：

- ·每一個角落（教學環境）主張「自由選擇」。
- ·「方法自由」。
- ·遊戲的結果和評價是要依照幼兒的個別性、創造力而定，所以沒有一定標準的「評價自由」

　　從以上主張可以得知，現今角落教學之所以這麼受到各界的注意和重視，是因為它抓得住自由開放的成果。因此越來越多的保育人員想瞭解什麼是角落教學？本書的目的是透過角落教學的理論和實際來得到答案。

角落教學的起源（始）

　　角落這個名詞在昭和四〇年代左右（西元一九六五年），開始出現在保育雜誌上，因為它比較新鮮，所以漸漸頻繁地被人們使用。

　　全國從這個時期開始注意開放教育的理念。實際上從角落教學的發展歷史來分析，說它是開放教育的一環並不誇張。

　　角落教學能提供幼兒一個可以自由選擇的場所，而且在這個場所中幼兒可以自由遊玩，不須聽從大人的指示就可以自由選擇使用空間。不過有一個重要的前提：「它必須是一個安全的場所。」像這樣的地方是現在的時代所

▲娃娃角（瑞典）

▲積木角（美國）

需要的。

　　過去是大家排排坐的傳統教育方式，一切以保育人員為主，大都是一個口令一個動作的團體教學。這樣的教學方式開始讓人質疑，所以大家開始省思它的適切性？

　　如果一直使用傳統方式，而不嘗試著以幼兒的自發性為基礎、遊戲為主體的教育的話，就可能只培育出沒有自主能力而只有依賴感的幼兒了。

　　不過對一些原本就使用開放教學的園所而言，例如，原本使用福祿貝爾、倉橋惣三理論的園所、它們給遊戲的定義是：「自由選擇」、「方法自由」、「評量自由」……等，像廢物工作、幼兒自製小木屋還有教室內的櫃子可以隨時變成祕密基地……等，幼兒們都可以自由使用各個場所，所以並沒有必要再去套用「角落教學」這個專有名詞，就算重新改變設定角落還是會與原來的內容相雷同。

▲圖書角（義大利）

▲畫畫角（義大利）

所以對於一些原本就是開放教學的園所而言到今天還是不稱自己是使用角落教學，因為當冠上這名稱後必須將環境規劃成一區、一區的角落，那麼對這些園所而言，反而會局限幼兒空間的使用，如硬要稱作角落的話又會變成到處都是角落。

　　不過對於一些一直使用塡鴨、傳統式教學的園所而言，角落教學就有很大差別。他們可從瞭解開放教學的優點之後，也希望動手設置角落，讓自己的園所也可以發展爲重視幼兒自發性學習的學校。它的優點是沒有必要改變太多園所整體的教學方式和課程設計，只需要利用一部分時間和空間讓幼兒們自由操作和遊戲。

　　對於仍在躊躇著是否全面地運用開放教學方式的園所來說，也只需在使用傳統、塡鴨式教學之中，抽出一點時間來作角落遊戲，根據幼兒的自主性和要求來慢慢地使用開放教學。

　　這樣一來，角落教學就會漸漸地、逐漸地在全國的園所開始流行，並慢慢開始普及。對於過去一直進行大家排排坐的傳統教育方式——一切以保育人員爲主的園所來說，要改變成角落教學是一件冒險的轉變，總之，對從未以幼兒爲學習主體來進行保育活動的園所而言，必須很謹愼地來規劃才行。

　　更具體來說，所謂的角落教學就是在教室的四周規劃出四個角落出來，將它布置成「娃娃角」、「積木角」、「圖書角」、「畫畫角」……等。以上的種種就是日本角落教學的起源。

受美國、歐洲的影響

　　在本節我想與各位探討爲什麼角落教學的初期會用四個角落爲主，而且如何才能讓大家在短時間使用。

　　從昭和三十五年（西元一九六一年）以後，日本開始變成高度經濟成長國，所以伴隨著保育人員經濟條件變好，開始到國外做教學觀摩。而最初的

▲遊樂器具角（法國）

模仿對象是美國、歐洲這兩個地區。

其實日本的幼稚教育從戰後一開始的木板教室，進步到目前的現況，已有讓人感到驚訝的變化出現。但美國、歐洲時髦的保育環境和自由風氣讓日本人更加嚮往。

其實在同時期一般的日本人都難以抗拒它的魅力，所以會看到保育人員在布置娃娃家時大都會擺入椅子、桌子等物品。就連家庭的擺設也都洋氣十足，舉凡客廳的物品、房間的床鋪等也大都是從歐美直接進口的物品。

這時期只要在「畫畫角」裡，模仿歐美擺設畫架、畫布等物品，使整個看起來像一個開放教育的環境設施。然後在「圖書角」裡擺設《第一次看見

的繪本》和一些外國進口精美彩色印刷的繪本。「積木角」裡擺設蒙特梭利教具等，大家就稱這環境為一流的角落環境。

　　也因為伴隨著高度經濟成長、經濟條件變好的時代來臨，所以園所都開始有能力購入高價的教具和遊樂器材，才能促使角落教學在短期間中就能普及化。

　　從昭和四十年（西元一九六六年）開始，隨著日本經濟的發展，托兒所、幼稚園對於教材、教育用品的需求提高了，所以一些舊園所的校舍開始翻新，新建設的園所也增加不少，從大家的設計中可發現角落教學已成為日本國內保育環境設計的依據。

　　隨著潮流，一些開放學校、沒有牆壁的教室……等開始誕生，出現在日本各地。

▲幼兒的秘密基地角（義大利）

　　角落教學裡強調以幼兒為學習主體，但在實行的過程中，有人只是將角落擺設到環境中，並沒有把學習主體回歸給幼兒。在環境中設置四個角落是非常好的開始，不過有些保育人員卻沒有給幼兒自由選擇的機會，而是直接進入角落裡上課，與上團體課程一樣，幼兒依然是扮演接受者的角色。

　　因此，我想跟大家一起探討角落教學的本質是什麼、應該如何去培養才好？

1. 何謂保育文化

　　幼兒並不是大人的縮小版，他是擁有獨立人格的個體。所以這獨立的個體，會想擁有一個可以獨立居住的王國，而這獨立的王國是一個尊重每一位

▲紙箱攀登架角（日本）

幼兒、創造出獨特的教學文化的地方。托兒所、幼稚園就是這樣的王國。而這裡所誕生的教育文化就是我所指的角落教學。

角落教學不管是在那一個國家，都是非常受幼兒歡迎的。在這麼自由的環境中，總可以看到幼兒們自發性的遊戲，實現夢想後幸福、快樂的神情。這樣的環境不正是尊重每一位幼兒個別差異的地方嗎？在這樣的環境中，幼兒們所呈現出來的人格特質、表現，不就是一種特有的教學文化，也是角落教學的本質。

如果要提高目前的教學品質，我們必須學習角落教學的精神，以幼兒為學習主體，大人只在旁陪伴，而不做學習的主導者。

2. 開放教育

角落教學是以「幼兒為學習主體」，所以必須是整體的教學都認同、使用，才能稱為開放教育。如果只有角落時間是自由、開放，而非整體的課程，就會出現衝突與矛盾。因此透過角落教學的本質來帶動整體課程都稱之為自由、開放。

在開放教育中透過彼此討論、尊重彼此的差異後，才能一起過生活，並自理自己的生活。不過，對於還處在自我中心，相信神話、想像力豐富的幼兒來說，必須跟大人在同一個環境中一起生活，實施開放教育是非常困難的事情。在開放教育中所提到同意的意義，是指大人必須放下身段來看待並進入幼兒的世界裡，並且認同、信任他們的看法、想法。而所謂的以「幼兒為學習主體」和放任幼兒是有所差異的。

其實，大人和幼兒的價值觀念不同，所以十分容易就起衝突。例如，幼兒在玩泥巴時，大人會說：「太髒了，不要玩了。」、「危險，不要玩了。」、「好難看，不要玩了。」等理由加以阻止。像這樣的情形，大人們會用自己的立場來壓制幼兒的行為，侵略幼兒的世界。為了避免這樣的衝突發生，又能讓雙方達成共識，在這時候必須設置一個泥巴池角落，在此大人可以看到幼兒認真、快樂的樣子之外，也因此可以引起大人的共鳴。

角落教學的主旨，除了課程的開放之外，整體的環境也要有協調性。不只泥巴池是這樣處理，期盼整個園所、教學環境也都能如此。

角落教學要注意的重點

在角落教學中，就是為了獲得自由，必須要有所解放。

要信任幼兒的能力，並且透過角落時間能發掘出幼兒的個別性和能力，讓幼兒自主、自發性的遊戲、學習。因此壓制、禁止的行為就必須解除。但為了避免保育人員把開放變成放任，必須有責任的面對開放教學，以下八項提供大家參考，以期在解除的同時，仍然能夠兼顧到教育的品質：

1. 不說：「好髒喔！」

   而是引導如何處理不衛生、細菌等問題。

2. 不說：「好危險！」

   而是引導如何處理受傷、事故等問題。

3. 不說 ：「好難看！」

   而是引導如何處理門面、外表、形式等問題。

4. 不說 ：「好吵喔！」

   而是引導如何處理噪音或會吵到鄰居等問題。

5. 不說 ：「亂七八糟、好亂喔！」

   而是引導如何處理整理、遺失等問題。

6. 不說 ：「快一點！」

   而是引導如何處理對於競爭、效率等問題，同時應儘量避免發生。

7. 不說 ：「好差勁！」

   而是引導如何處理競爭主義所產生的統一標準和差異等問題。

8.不說 ：「你一點用處都沒有！」

　要改變對於除了考試考好之外，其他一切都是沒有用處觀念。

　儘量避免一直使用屬於以上所提的禁止、壓制的方法，會更快進入角落教學的領域中。

設置新角落

　保育文化是從幼兒的遊戲中創造、發展的新角落。

　幼兒的遊戲內容是由時間、寬廣的空間、相互交流、技能的開發、有無物品、動物等的變化和移動所產生創造出來的。因此新的角落內容可以擁有無限寬廣的可能性。

　另一方面，我們會將角落分成內、外兩部分的世界。不過我們必須知道到幼兒在遊戲中是不會依照這樣的安排來活動的，他們會有留在室內、從室內延伸到室外、留在室外、從室外移動到室內……等多元的變化和移動的情形出現。而且也可能從這些過程中創造出新的角落，而同時把原來的角落給消滅掉。對於這樣的變化，保育人員要有心理準備和一定的認知，坦然接受這樣的改變。

沒有角落的角落教學二

京極壽滿子

動手試試看

幼兒具有創造能力

幼兒能用紙張、泥土、木頭、布等來進行創作活動，以使幼兒能摒除既定觀念自由自在地創作。

美術創作也有它一定的發展順序，例如，把包裝紙切成小段就能變成一隻魚的時期，以及在大人的眼裡沒有任何形狀和意義存在的黏土，對幼兒來說卻有它的形狀，並且具有意義的。

保育人員從觀察中，可以發現每一位幼兒都擁有獨特的創造能力。對於每一位幼兒美術創作發展順序的不同也都應該予以尊重。

認識工具、使用工具

關於工具的使用，其實，大部分是大人們無法認同的，所以不讓幼兒使

◀ 正處於三歲反叛期的我，使用鑽子在紙箱上鑽洞，所以根本沒有時間反叛。

▲挖開土，種下向日葵的種子，好不容易長出嫩芽卻變成麻雀的食物，真是令人氣憤。拿出自己的工具箱，製作嚇人的稻草人，記得要用亮晶晶的紙喔。

◀在墊著紙張的地板上我可以放心使用漿糊，在剛滿三歲的我現在要作一隻非常大隻的鯉魚，噓，先不要告訴別人喔。

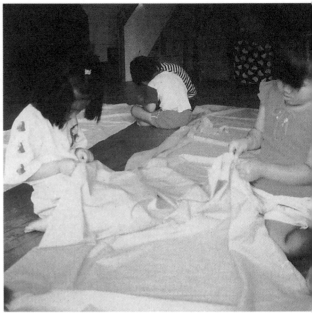

在縫製鯉魚旗的布時，「呀！好痛喔！」被針刺到了血馬上就流出來，不過沒關係，我有看過媽媽在縫補的時，只要用嘴巴吸刺到的地方就好了。

▼ 自己要住的房子一定必須自己建造，真是沒想到要將釘子直直的打入必須用這麼大的力氣。

▲ ㄎ、ㄨ、ㄎ、ㄨ，小心哦！記得長度要對齊，再一下子屋頂就可以做好了。對了，還記得三歲的時候，拿鋸子鋸石頭，結果害刀片斷裂，被老師罵呢。

◀ 要記得把道具收好喔，讓大家就算閉著眼睛也可以找到。

▲木版畫：還是必須用腳幫忙壓住。看起來一條線一條線似乎很簡單，但卻是一件需要手腳並用、專注力和耗精神的工作。你知道嗎？今天就有10人割傷呢。有人被割了兩次而且雕刻刀的傷痕會很深喔。但如果只是輕微的割傷，自己用膠帶黏起來就好了。

▶陶土、五歲：揉成團、打一打、捏一捏或用腳踏一踏，這就是可以用盡全身力量的工作。這是從自然的大地中所取得的材料，自己可以加入水來調解它。

▲陶土、三歲：教室外的混凝土角落，「哇！真好玩。要作什麼比較好呢？」
「我作湯圓好了」，「那我作蛇吧！」

▲陶土、五歲：使用轆轤台製作，讓自己變成小小藝術家。我認真的態度您們能瞭解嗎？我那靈敏、微妙的動力就被這麼一塊土塊給激發出來了，像魔法一樣，不可思議。

用。諸如會割到手、刺到人、打到人……等的工具，就全部都收起來。所以小刀被大人收起來了，當鉛筆斷掉時也只好用削鉛筆機來代替。其實，所謂的工具就是在製作物品所需要用的。只要認識各工具的特性和學習正確的使用方法，並且透過實際的操作和使用後，幼兒在創作中就會有非常特別的作品出現。

幼兒們知道如果沒有經驗和集中力的話是會受傷的，因此不謹慎的話，是不能使用的。

事實上兩歲的幼兒就已經知道鐵鎚是拿來敲打釘子的，而四歲的幼兒也已經可以瞭解到刀子有割紙、挖紙箱、削木頭或削蘋果……等功能。因此幼

兒必須透過實際操作和年齡的成長，才能從使用到運用自如，瞭解工具的實際用途。

至於幾歲可以使用什麼樣的工具的標準，必須請全園的老師們一起討論之後再做決定。

每當在電視新聞報導中，看到國中、高中的青少年用刀子刺傷人的事件時，就讓我很好奇的想探究看看，這些青少年如果從小就是利用這些工具製作房子，在幼兒時期能夠擁有很多美好的回憶，就應該不會使用這些工具來當兇器了吧！

與日常生活和遊戲環環相扣的美術造形活動

從教學紀錄中可以發現到畫畫、黏土、紙張創作……等的活動，都已經融入在幼兒的生活裡，在每天的課程活動中，美術造形活動是不可以缺少的。

從生日禮物到兒童節、母親節、父親節、七夕等等的節慶中都會設計跟美術造形相關的活動。所以在課程中可設計一些有目標性的美術造形活動，讓幼兒透過這些課程，體驗製作的樂趣，再慢慢的將這樣的經驗帶入自己的日常遊戲中，自己動手完成自己的遊戲目標。

我們就可以看到，幼兒們在玩機器人遊戲中用紙把自己捲起來，到處設置開關。女生會用釘書機、膠帶等製作假頭髮、披風、皇冠、裙子等等的道具。還有出現紙牌、長劍等細膩的作品。

幼兒從自由創作中會展現出更多的創意和技巧

此階段的幼兒仍然處於主觀、自我主張的時期，凡事都喜歡自己動手，藉由實際的經驗來學習。如果大人規定固定的作法，要求孩子一定要按照指導方式完成作品，沒有給幼兒自己創意、主張的空間，這樣的教學只能培養

出幼兒模仿他人的作品就覺得心滿意足的習性。

再加上大人們如果用自己的標準來評價幼兒作品的好與壞，會使幼兒擁有優越感和自卑感，因而造成幼兒無法快樂的創作。

學齡前的幼兒處於感覺動作、主觀意識強烈的階段，所以保育人員要相信幼兒的任何行為都是有意義的，對這個階段的幼兒都要儘可能的包容與接納。

從幼兒驚人想像力的創作過程中，不論是技巧或是作品的規模，即使是保育人員也無法想像得到及做得到的。

身為保育人員要多充實自己，學習如何觀察幼兒目前的遊戲處於那一個發展階段，才能夠協助幼兒延伸、發展更深入的內容。

注意事項

1. 保育目標要朝向讓幼兒自由創作的方向進行，避免壓抑幼兒的想法及創作。
2. 要慎用道具。對於幼兒所使用的工具千萬不可掉以輕心的，因為一個不小心就會發生危險。保育人員必須非常清楚每一項工具的正確使用方法，才能安心的讓幼兒自由操作。
3. 屬於幼兒專用或必須大人協助才可使用的工具，要確實的分類收拾與管理。
4. 讓自己成為一位懂得欣賞幼兒作品的保育人員。
5. 平常就要做一些蒐集材料的工作。在現今社會要蒐集可以廢物利用的材料並不難。例如，向工廠要廢紙張或不良貨品，以及跟木匠要廢棄木材等。
6. 面對無動力、沒自信、不愛動手的幼兒要做積極的引導，不要只是等待和陪伴而已，必須從平常的生活教學中找尋機會培養他的自信心。

好玩的紙

開放一間教室

　　成為一個角落，可以讓幼兒依照自己的方式自由使用。它可以幫助幼兒將破壞的慾望，轉換成建設性的能力。特別是在梅雨季節來臨時，可以嘗試

◀ 這個膠帶可以使用喔。呀！好好玩，怎麼一直鬆開了呢？

跟隔壁的班級合併，空出一間教室做為開放式的空間。這樣的合併不但可以發展出不同的人際關係，同時也可以改變墨守成規的教學。

發洩精力

　　將報紙、包裝紙、衛生紙、紙卷、紙箱……等的紙張大集合，讓幼兒盡情的一起來遊玩。當幼兒知道可以依照自己的意思，撕破、撕碎、拉扯、搓揉、戳破、投擲、踩踏、鑽進或滾動所有紙張都沒關係時，就會發現有很多點子和玩法都出現了。幼兒們開始盡情的發揮自己的想像力。

　　開放這樣的空間，可以讓個性較拘謹的幼兒有一個隨時可以放鬆自己的地方之外，對於一些精力充沛，喜歡破壞的能量有一個發洩的管道。再者對

◀ㄚ、ㄚ、ㄚ變成拉麵了，加上紅蘿蔔如何？真好吃。

▲「可以把紙撕破沒關係。」
　「會被罵喔？」
　「沒關係啦。」
　「硬紙張撕開的聲音真好聽。」
　「不行，這是我的啦。」
　「再往前拉，好舒服喔！」

▲一天終於結束了，太陽也下山了……孩子們都回家了。哇！這是廢紙處理場嗎？
　不是的，這是最好的身心治療場所喔！

▲喂！你知道我在那裡嗎？藏到裡面好溫暖喔，真是舒服，就算摔倒了也不會痛。

於一些平常比較不敢表現自我或被壓制，受較嚴厲管教的幼兒來說是一個很好的解放空間。

想像世界的空間

在這一片紙海中可以潛下去游泳，當幼兒伸出雙手划水時，這些紙張就會像暴風雪一樣到處飛揚。還可以在其中互相投擲、拉扯，發展更多的想像遊戲出來。

禮服、裙子變成公主、魔鬼或忍者之外，海洋、波浪、天空、宇宙、秘密基地，甚至連拉麵等各式各樣的想像遊戲也都出現了。對幼兒們來說這間教室並不只是一座廢紙山，而是一座想像世界的山。

瞭解各種紙張的材質和特性，打破固定單一的想法

幼兒從親自動手將紙撕碎、搓揉接觸中，瞭解各種紙張的特性。體會到原來有的紙一撕就破、有的卻撕不破，各式紙張除了厚的、薄的、硬的之外，還有撕破時會發出各種不同聲音的特性。

有些幼兒看到漂亮的紙就會捨不得弄破，將它收藏起來。但是，在做創作的造形物的時候，有必要把這些「漂亮的紙」撕破，讓它變成「無」，這樣才能促使幼兒有自由聯想、自由創作的意願，不會被固定概念所支配。

培養喜歡創作的興趣

幼兒們有過一次和廢紙山遊玩的經驗後，這個角落就會成為不必要的場所。從中體驗到創作作品的成就感和快樂多過於去破壞物品，也因此讓每一位幼兒更喜歡親自動手創作。

注意事項

1. 學校中如果沒有空教室可以使用時，可以與各不同年齡、班別商議合併教室，挪出一個空間來使用。
2. 如果實在沒有辦法空出教室來，就想辦法在自己的教室中進行。

   進行收拾、整理的工作時可以用遊戲的方式，將每一個幼兒都變成魚，紙屑是魚餌，然後開始比賽吃魚餌，看誰最快將最多的紙張放入塑膠袋中，如此一來，幼兒不但覺得有趣，而且一會兒就把教室收拾乾淨了。

   還可以在其中一個角落放一個裝水的盒子，讓幼兒把報紙浸到水裡，揉得爛爛的做成紙黏土，也變成另一種教育材料。

畫畫

表達幼兒的語言

　　幼兒只會用哭泣、大笑等肢體語言來表達自己，還無法用語言或文字來陳述複雜的情感和內心感受。而實際上，幼兒的內心深處應該還有許多想表達卻不知如何表達的事。

　　因此，圖畫是唯一瞭解幼兒內心之感受的方法。當幼兒高興時會呈現出高興的畫，難過時，就會呈現出難過的圖畫內容。圖的內容會幫助幼兒將自己的心情一一訴說表達出來。

　　所以，在教室空間裡要設置一個隨時想畫畫就可以使用的角落出來。

◀ 我的媽媽是保育人員，所以看到她抱著別的小朋友時讓我好傷心乞。不過，沒關係，我排行老三，所以媽媽有很好的撫養經驗了，目前還算滿足。

▲今天真是讓我生氣。全紅的臉、長著角……。這是誰呢？生氣的媽媽？還是老師呢？

▲手指畫：可以讓人把不高興、遺憾的心情都發洩出來，所以重要的不是成果。

畫圖可以平穩情緒

透過畫圖可將傷心、痛苦的心情表達出來，能淡化，甚至忘記一些不愉快的記憶。因此，畫圖是一種可以幫助個體自我治療的活動，很神奇吧！

培養幼兒豐富的創造能力

雖然，幼兒會透過圖畫來表達自己內心的感情。但有的時候是無法依靠自己來解開及完成，必須由旁人予以協助及幫忙。

保育人員必須要懂得透過幼兒的畫，來解析他的心情或感受。為什麼有些幼兒會戰戰兢兢地在紙張的一個角落上畫畫呢？還有老是故意畫出圖畫紙外或不斷地在紙上來回的塗，直到圖畫紙都塗破了為止。

▶雖然已經知道不可以，
但是3歲的我們還是忍
不住開始塗。不知道老
師會不會原諒我們？
（如果幼兒們一直持續
這樣的行為，可能是在
教育上出現了問題喔）

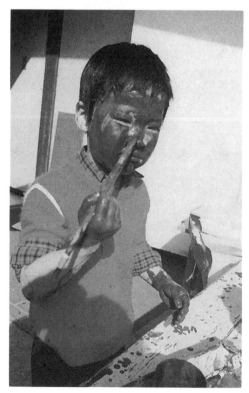

◀「喂！喂！喂！小潤，你這樣子有辦法呼吸嗎？」
「嘿！嘿！嘿！沒關係啦，讓我照鏡子看看。」

▲畫可以代表我們的心情，所以我們喜歡像這樣的畫畫。畫完之後可以讓自己的心情非常愉快。

▲偶爾也會想在桌上畫畫（專心的製作故事書），「好久、好久以前……」就算沒有辦法把字寫好，也沒關係，能把心裡的想像表現出來比較重要。

▲作一支鯉魚旗，讓它在天空飄揚吧。要將它用針線縫合是一件工程，不過畫上圖案就簡單多了。

身為保育人員的職責之一，必須學習看懂每一位幼兒的情緒表現，協助他面對自己內心的慾望、衝動和心情。

保育人員可以多看一些幼兒的畫跟同事們討論、研究，來提昇自己這方面的能力，但切莫自己妄下斷語或任意給幼兒貼上標籤。

找到困擾幼兒的原因，並幫助他面對、處理，讓幼兒再擁有自由、無困擾的心後更有自信、活力的面對每一天。

豐富性的美術教育

幼兒的一切行為沒有一個是徒勞無意義的。讓我們來接受一切，讓他們盡情地圖圖畫畫吧！

其實繪畫如同嬰兒的語言發展一樣，有一定的過程。幼兒繪畫則是從塗鴉期開始。就學齡前幼兒的繪畫發展而言，是處於塗鴉期到圖式前期，所以這個階段的幼兒會不斷地嘗試，畫出自己的想像世界及想表現的事物。至於將看到的事物完全模仿下來，並不屬於這階段的發展。

這將會成為符合每一位幼兒的個性，培養豐富心靈的美術教育。

◀ 將自己最喜歡的畫送給父親，當父親節禮物。也做了一朵代替康乃馨的花，親筆寫上：「爸爸，謝謝您」。

1. 幼兒的每一幅畫都代表著他的所感所受，所以不管任何畫都要接受它。

2. 避免強迫幼兒畫畫或教他怎麼畫，也不需要勉強幼兒說出他畫的內容。

3. 當幼兒同時要畫好幾張時，不要禁止他。但要探究到底是什麼原因他要同時要畫這麼多張？

4. 保育人員要學習理解幼兒的圖畫作品。要和同事或其他園所、兒童繪畫研究會等相關的研究人員一起欣賞大量的幼兒畫作，一起討論、共同研究，千萬不要單打獨鬥。

5. 切記！身為保育人員的您，教學上引導方式會直接影響幼兒繪畫的表現。所以不要把幼兒繪畫發展的責任推給家長或其他職員。有活潑、充滿生氣的保育人員就會有活潑、充滿生氣的幼兒。

6. 關於材料的部分，可以向資深的保育人員請教。因大量使用水彩和手指畫原料所以這些原料自己調配起來比較合算。

7. 如果園所內無法設置一個像這樣的角落，請儘量在幼兒要求要畫畫時能馬上提供材料，讓幼兒擁有一個隨時都能接觸繪畫、多畫畫的環境。

8. 請謹慎的面對幼兒的每一件作品，專心的傾聽幼兒對畫畫的陳述。然後給幼兒適當的建議和鼓勵。

好玩的池塘和河川

和小生物會有怎麼樣快樂的會面呢？

如果有金魚、鯉魚、蝌蚪、青蛙、泥鰍、螃蟹、豉蟲、螯蝦……等池塘裡的生物在園所內，對幼兒來說將是一個充滿吸引力的地方。

嬰幼兒看到金魚或鯉魚在池塘裡游泳時會很高興。如果再加上吃著自己丟入的麵包屑更會讓幼兒非常興奮，高興得不自主的拍起手來。

幼兒瞭解了這些小生物的生活形態之後，每天都會想著要怎麼樣才可以抓到他們，甚至堅持抓到為止。所以時常可以發現幼兒聚精會神的看著水池裡的動靜。

為了捕抓、認識這些小生物，幼兒發現了許多點子和方法，而且培養出矯健敏捷的身手。

培養幼兒觀察能力與對科學感興趣的活教材

雖然這些小生物可以用水族箱、水桶等來飼養，放在教室中讓幼兒觀察。但如果能讓幼兒有親自到池塘河川中尋找、捕抓等經驗會更好。

為了要捕抓到這些小生物，幼兒們會非常仔細的觀察牠們的習性和一舉一動。從這些過程中除了培養幼兒的觀察能力之外，另外在捕捉的時候，會發生小生物會逃跑、躲藏起來等狀況，讓幼兒沒有辦法稱心如意的抓到牠，而自然的體會、學習到如何與這些有生命的生物互動、相處。

▲ 「喂！小隆，你的線好像在動耶？」
　「噓！噓！對呀，好像上鉤了。」

▲園內池塘的水流向小河，再流到小水溝裡，然後貫通到外面的河川。「喂，好像有東西耶？是泥鰍嗎？」，「對耶！安靜點！」

瞭解生命

　　從尋找相關書籍中知道名字、飼養方法和照顧方法之後，飼養之中仍免不了會有小生物死亡的情況發生，面對這樣的死，幼兒會非常的難過、傷心，會思考為什麼經由辛苦的捕捉、非常細心的照顧疼愛，而它還會死掉呢？也會後悔沒有完全盡到照顧的責任，沒有尊重到生命，因此知道生命的

▲奇怪？明明就有聽到螃蟹的聲音呀？在石頭下面吧？呀！在這裡。在乾涸的小河川中可以發現螃蟹喔。

▼ 這裡有螯蝦最喜歡吃的蚯蚓，不過挖錯地方也會找不到喔。

▲用線把蚯蚓綁起來。喂，不要動啦！還真不好綁。

▲不要害怕水，和它當好朋友，潛入水底吧，10、9、8、7……1、0，蹦！其實是在玩水中煙火啦。

寶貴。

　　之後，幼兒會開始想，如何飼養才不會死掉呢？還是把它放回原來的河川或池塘裡試試看吧！透過這些飼養的過程幼兒將更能夠體會到生命的重要性。

▲「哇！有螯蝦耶。」
　「把金魚放到盆子裡吧。」
　「好大的鯉魚喔。」
　「有鐵鏽乁，都生鏽了。連鞋子都在裡面呢。」在有鯉魚的池塘，五歲幼兒們在做打掃工作。

一個平靜的像童話王國的地方

　　接觸大自然、水、太陽、生物……等的事物會讓人感到心情愉悅、平靜。因此，保育人員可以帶著幼兒們一起仔細的傾聽流水聲、把腳放入水中感受流水，或一起放竹船看它漂流。

　　也可以一起觀看池塘深處、彷彿能聽到池塘的聲音，在這時候可以給孩子們聽一些池塘的聲音，或在池塘邊聽神話故事，讓想像自由奔馳。

　　期待這樣的活動能培養幼兒面對未來的勇氣。

知道水的危險性

因池塘、小河川有危險而不讓幼兒靠近，禁止的教育，雖然大人在場的時候不會發生什麼事故，但是不能稱他為「積極教育」吧。

讓幼兒親身體驗在河川中跌倒，鞋子被流走或差一點掉落池塘的危險性。從中學習如何保護自己避免掉落水中，實際用自己的身體來感受水性，才是積極的安全教育。

要幼兒學習到即使掉到水裡也不慌不忙應付的方法，可從保育人員的態度和別的幼兒的經驗當中學習征服水，最終跟水變成好朋友。

注意事項

1. 通常有很多好處的水源地，所暗藏的危險性也相對提高。所以保育人員要很謹慎的管理。除了設置欄杆防止嬰幼兒掉入的安全防治之外，可以再設置感謝水源的神廟或許願池等，培養幼兒珍惜、感謝的心。

2. 面對充滿好奇心的嬰幼兒時，一定要建立「池塘必須是跟保育人員一起前往的地方」的概念。所以保育人員的分工要清楚，不要讓嬰幼兒單獨一人接近水源區。對三歲以上的幼兒，一般都知道什麼是危險，所以能盡情地玩水並充實經驗。

3. 設計時河川的深度大約到腳踝上一點點，池塘則以到膝蓋處為宜，否則河川的水流如果太急，幼兒跌倒時會被急流沖走，池塘的水深也會淹沒幼兒，都是太過於危險的。

4. 平常可以讓幼兒到游泳池玩水及接近水，進而喜歡水不怕水。也可以多跟嬰幼兒玩把水淋在臉上或潛入水中的遊戲，讓孩子從小就習慣水。可避免發生即使在淺瀨也會因恐懼感而溺水的事故。

5. 將維護池塘、河川和水溝的清潔工作納入課程的一部分。帶領幼兒一起來做，養成幼兒們愛護環境的好習慣。

愉快的午睡時間

活動和休息的節奏

適度的活動和休息才能讓身心都健康，因此，對於好動、運用全身能量來遊戲的幼兒而言，休息是非常重要的。

特別是對於長時間都在園所的幼兒，設置一個能讓幼兒擁有愉快午睡的角落是一件重要的事情。

自我決定的能力

午睡的場所由自己來決定，自己的床也親自動手做？讓人覺得不可思議吧！

保育人員的指導太多會相對減低幼兒自我判斷能力。所以幼兒自行製作並且決定自己要午睡的場所，對他們來說是一件極大的考驗。但是為了培養幼兒的自主能力，必須要放手，等待幼兒從錯誤中親自體驗其可行性，這需要一定的時間。

這個角落的設置會影響幼兒能否擁有一個愉快的午睡時間。

與朋友的關係

對於一天當中，大部分時間都待在園所的幼兒來說，找到一個讓自己有歸屬感，又感到安心的場所，將成為精神上的堡壘，因此能和自己一起睡一

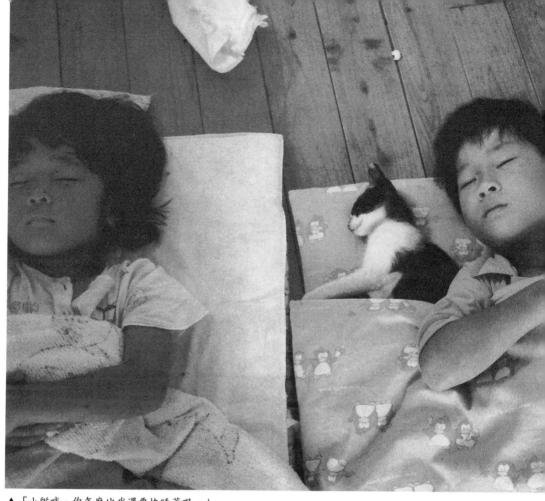

▲「小貓咪，你怎麼比我還要快睡著呢。」
　「喵、喵，對呀！我比誰都還要累呢。」

◀ 哇，富士先生，你看天空好
　像大海一樣。還是在屋頂上
　午睡是最棒的一件事，不過
　要小心棉被被吹走喔。

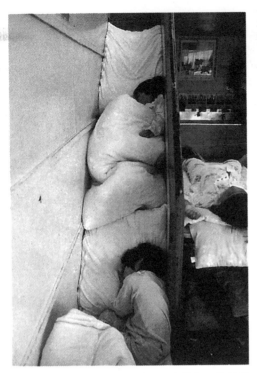

▲「睡在樓梯上？怎麼可能？」這是大人的疑問
呢，其實我們偶爾會睡這裡喔。一個人睡的話
會掉下來，所以沒辦法成功。不過我們只要幾
個人疊起來一起睡就成功了。

▲這是一棟超高層的建築物。一共是四層樓，第
一層樓一定要堅固才行，第二、三、四層樓也
必須經過好幾次的測試後才可以住人喔。我們
一共住了六個人，如果我們的呼吸沒有配合
好，那有可能會發生地震喔。

◀ 我是卡車小子，今天要前
往東京旅行。雖然有點搖
搖晃晃，不過可以看到一
大片的藍色天空真是舒服
呀。

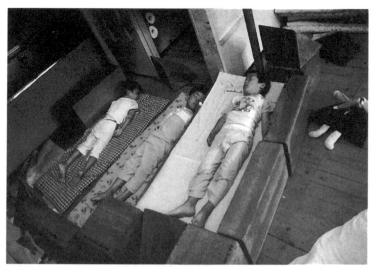

▲今天我們是三兄弟喔。用積木圍住的平房,相當豪華吧。

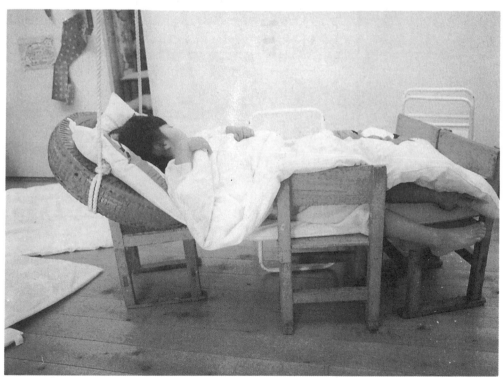

▲爲了讓輪胎和椅子可以穩定,花了將近一個小時的時間才完成。其他的小朋友都已經睡了,爲了不
　要吵到別人,所以老師一直陪著三歲的我到完成爲止。

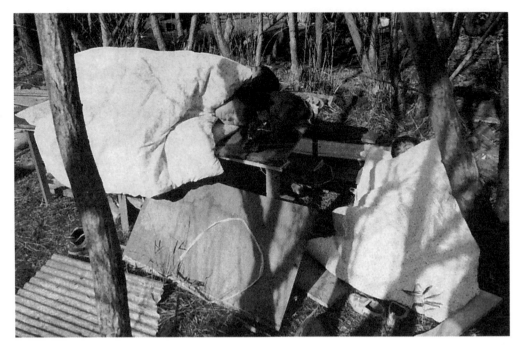

▲自己動手完成的房屋。雖然看起來是一間在戶外的房子,一時難以分辨出,這可是我們到畢業之前當地下工作者的秘密住所,不知道還可以睡幾天呢?

同醒的朋友一定有不錯的交情,就會想邀請彼此到自己的堡壘一起入睡,而變成知心的好朋友。即使對象是貓咪或小狗、小雞也一樣。

如果想和同伴擁有一個能一起午睡的場所,就不能固執己見、自行行動,必須同心協力、互助合作才能完成。

與保育人員的關係

睡前時間是屬於幼兒和保育人員的溫馨時刻,就像一家人一樣,一起看故事書、談天,還可以在保育人員唱的搖籃曲的陪伴下想著母親的臉,進入夢鄉。

睡覺時一定要人陪伴的幼兒會一直等到保育人員來到身邊,拍一拍後才能安心的入睡。而對於一直吵鬧不休的幼兒,只要將他抱入懷裡一會兒就能

安靜的入睡了。這是一股不可思議力量吧！

生活習慣的養成

不管冬天或夏天最好都有穿睡衣的習慣。因為裝睡衣的袋子必須每天使用，所以最好由母親親手縫製，讓幼兒感受到母親的用心。

養成幼兒每天把換下來的衣服摺疊好，裝入袋子再放在枕頭旁的良好習慣。主要的用意是當災害發生時，可以不慌不忙的拿著袋子離開。

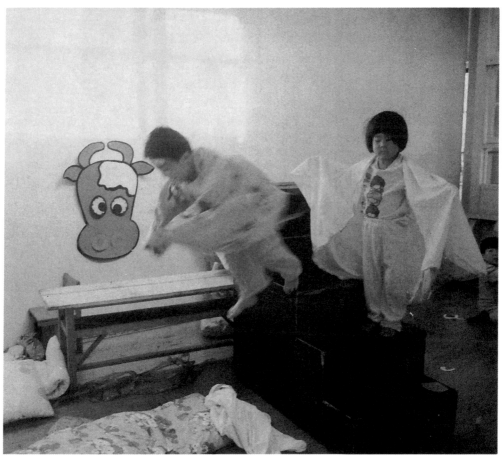

▲我現在三歲，對我來說披掛上棉被套往下跳，比要我蓋上棉被套更加吸引我。因為跳下來是一件非常好玩的事。

三歲以上的幼兒應該可以在起床後自行將睡衣換下來，並且摺好裝入袋子並放到所定的場所，同時養成收拾枕頭、棉被的好習慣。

每周的最後一天清洗棉被套，星期一午睡以前裝上。這個動作在三歲以前如果還無法獨自完成，可以請朋友幫忙，三歲後期許幼兒可以自己完成穿脫被套的工作。

自己的事情要自己做，當無法獨自完成時再請身邊的朋友幫忙，所以要養成幼兒良好的生活習慣，以及哪些事是必須讓幼兒親自完成的，都要仔細的規劃。可以透過每天午睡時間時睡衣的穿脫及摺疊，養成良好的生活習慣。例如，幼兒脫掉的衣服若是就這樣整坨的放著，下次要再穿著時就會發現它的不便性。

注意事項

1. 要讓幼兒清楚瞭解到午睡的重要性，所以要與幼兒事先約定好一定要休息，並且是在不干擾到別人的情況下安靜的休息，才可以自由選擇自己要午睡的地方。不要讓自由變成放任，所以保育人員之間的尺度要一致。

2. 把決定午睡場所的權利給幼兒，幼兒也會依照自己的能力選擇高的、低的或很難睡的場所，保育人員都不要插手為幼兒決定「今天睡這」或「睡高一點試試看」的意見。更不要做比較，否則一旦超出幼兒個人能力範圍外的要求就很容易發生意外。身為保育人員要信任每一位幼兒的選擇，因為凡是經由自己選擇的場所，不管如何都可以睡得很安心。

3. 不管午睡場所是在教室內或教室外都要注意睡覺的位置旁有沒有危險物品？棉被最好準備幼兒容易搬動的大小（墊被寬50公分、長大概身長左右），搬運的過程中還要注意幼兒是否有用拖地的方式，千萬不要把棉被弄髒，所以要準備一些蓆子或紙箱供幼兒使用。

4. 在四月分開學時全園工作人員要一起討論有關在防災演習時，對幼兒來說什麼東西是最重要的？有哪些東西一定要帶著？是幼兒的包包還是裝衣服的袋子呢？大家要有共識且事先決定好。因此必須養成幼兒將脫下的衣服摺好放入袋子中，再置於枕頭旁，才可以入睡的習慣。

好玩的泥巴

自然產生的泥坑

只要有泥土的地方，就算只有少許的泥土，幼兒還是可以把它變成泥坑角，非常自然的就玩起來了。

在泥坑裡除了可以玩扮家家酒之外，做丸子、變水池、河流、挖洞、設陷阱、找蟲子……等，有好多變化的玩法喔！

泥土是一種簡單、溫暖又容易取得的材料，而且在悠閒、無壓力的狀態下可以創造、發現很多的新點子，而這股創造能力正是面對未來新世紀所需要的原動力。所以泥土不只是大人解鄉愁的材料而已，應該讓幼兒從小就多接觸泥土，並且將這股原動力轉變成他的創作財產之一。

必須注意的是不要把所有的環境都變成水泥地。

人工製造的黏土角落

黏土是幼兒喜愛的素材之一，它的觸感很舒服，加上水之後，很容易就可以操作變化各種造型，是一種非常適合幼兒使用的創作材料。

如果可行的話，最好是帶領幼兒一起去找黏土。要不然就請幼兒各自從家中帶一些來，或是向業者購買黏土層的土來使用。

找到黏土之後，再用鐵鏟一鏟、一鏟的放入袋子中，提回園所。「哇！好重喔。」幼兒一路上跌跌撞撞的，靠自己的力量把黏土搬回來是一個很重要的體驗，除了體會到泥土的重量之外，也瞭解到尋找及搬運過程的辛苦，

▲泥漿，它似乎可以非常瞭解我的感覺。好柔軟喔，真像媽媽。

所以也會特別的珍惜。

　　將黏土放入用木板做的圍欄裡，可預防黏土流失。如此一來黏土角落就大功告成了。

　　幼兒可以從這裡自由拿取所需的黏土量，同時開始有趣的黏土創作遊戲。在做成成品之前幼兒手腳並用的揉著黏土，除了觸感好之外也在不知不覺中使出了全身的力氣。無形中也將全身的壓力解放出來了。玩黏土的過程中得到的效用是極大無窮的。

▲真好，利用輪胎來種植，就不會被踏
　到了。今天應該可以種下葫蘆了。

▶這裡的土好鬆，好挖掘。不知道誰會第一位掉下去呢？

　　玩到最後做出了成品，幼兒不但會覺得很有成就感，對自己也更加自信，充滿生命力。

　　不過這個角落在使用的過程中，黏土會漸漸流失、減少，萬一加了太多水，也可能變成了泥漿池，須特別注意！

　　多提供黏土給幼兒玩，直到他們體驗過黏土的樂趣之後，再用陶土替代掉。經由多種經驗的累積，將會發現幼兒作品的藝術性越來越豐富。如果有燒窯的設備可以幫幼兒窯燒一、二件作品，可做為幼兒時期的回憶。

　　也可以在園所的某一個角落中放入大約一台卡車左右的普通泥土，可利用這些泥土玩泥漿大賽。您會發現有更多的造形活動正在這裡展開呢！

種植的角落

　　透過泥土角落可以讓幼兒親自動手種植，例如，蟲、花、蔬菜等都必須

▲啾！啾！啾！壓扁了。用腳來揉合可以讓它變成好黏土吧！

▲貨車載運過來的土山堆上，在大家提水上去的時候漸漸被弄溼了，所以變得好滑，讓大家都弄黑了。

▲哇！真是舒服，不過屁股有一點痛耶。

▲先彎下腰來，再把腳伸進泥漿中，開始
　進行泥漿遊戲。哇！我的手都是泥漿
　了。喂！你看我做的冰淇淋如何？

依賴泥土才有辦法生存。所以能夠從種植、除草、收成的過程中體會到勞動
的經驗、種植的快樂，也可以延伸出抓蟲、玩野草、挖洞、玩泥土……等跟
泥土有關係的活動，從這個角落活動中體會到生命的美和重要性，更學習到
如何尊重生命。

泥漿池（設置專門的泥漿角落）

　　設置一個一年四季都可以隨時進入的泥漿角落。

　　不管在園所或家中經常聽到「我家的孩子一直在玩泥土唷。」像這樣認

▲猜猜我是誰？希望自己變強壯一點，可是重擔子卻不斷的從後面出現，讓我的身體一直沉在泥漿池中，連腳都無法舉起來。總於體會到父親的感受了。

▶泥漿是我們大家的好朋友。大家一起下去吧。

同了泥土功能的對話，會讓保育人員感到十分心慰與高興。

　　當幼兒無拘無束的接觸、玩耍地上隨手可得的泥土時，身為大人的我們只要在旁協助、保護就好了。泥土不但可以幫助他們解除煩惱、壓力，並且可以快樂的面對每天的生活。

　　但是，當幼兒所面臨的煩惱、壓力是一般的泥土遊戲無法幫忙的時候，可以嘗試前述的泥漿池，因為它擁有更大的力量，可以為幼兒減壓。

　　那麼讓幼兒無法獨自面對的困擾、難過、痛苦、壓力到底是什麼呢？到

▲泥漿對我們來說是我們的太陽，真的非常的溫暖喔。

底是什麼樣的問題一定要欺負人才能解開的呢？

　　每一個園所有所謂的問題兒童，還有一些幼兒的問題是沒有呈現出來的。保育人員必須觀察幼兒心情的變化，扮演代替幼兒向父母傾訴心情的角色。

　　透過觀察幼兒與泥漿池的互動情形，可以瞭解到幼兒目前的心理狀態，還可以找尋到如何幫助及治療的方向。

　　當泥漿池準備好了之後，千萬不要強迫幼兒進去，也不要提出任何要求，只要順其自然的讓幼兒照自己的意願進入既可。也許大家認為在沒有任

何要求之下的泥漿池活動，是沒有任何作用且浪費時間的一件事。

在這裡要請大家往泥漿池附有治療效果（淨化作用）的方向去思考。

1.感覺好舒服

在泥漿池裡玩的感覺好舒服，就好像在自己母親的懷抱裡一樣。有這種反應的幼兒，通常是呈現他所得到的母愛不夠或口慾期不滿足，而希望父母能多愛他一點的訊息。

因此，平常可以讓這樣的幼兒多曬曬太陽，感受在太陽光下即將要融化的感覺也會有很好的助益。

2.想再髒一點（越髒越好）

大人經常會說：「這個不可以」、「那個不可以」、「好髒喔」、「危險」、「真糟糕」、「好吵」或「快一點」……等命令式的語氣，一直處在大人否定中的幼兒，非常不喜歡大人，所以會透過泥漿池將心中的不滿都發洩出來，這是命令式管教下的幼兒所呈現出來的反應。

3.好輕鬆喔

許多學齡前的幼兒，背負著雙親的期待、承受認知學習的壓力、才藝課程的安排或一直被與他人比較而長大的幼兒來說，泥漿池對他們而言是一個不用技術，又沒有評價好壞的輕鬆場所。所以喜歡把身體全部都泡入泥漿中，好好的喘一口氣。

其他幼兒也有不同壓力的來源，例如，家庭失和、住家的問題、兄弟姊妹不睦、保育人員給予過多的課業壓力或看太多的電視，玩太久的電動玩具造成精神不佳等因素。

在這裡可以把身體弄得髒兮兮的來拂去這些壓力、淨化心情。

每一個人的玩法不同

每一個人的心情都不一樣，所以進入泥漿池的方式也都會有所不同。

泥漿曲

1. 泥漿哇！呼！呼！

   泥漿ㄟ！嘿！嘿！

   泥漿ㄛ！せ！せ！

   泥漿呀！哈！哈！

   呀！哈！哈哈！哈

   哇！哈！哈！

   泥漿像是我們的太陽

   非常 非常的　溫暖

   未來 大家一起手牽手

   ㄗ口ㄨ、　ㄗ口ㄨ、　ㄗ口ㄨ、　ㄗ口ㄨ、　ㄗ口ㄨㄉㄧ一

   ㄉㄡㄉㄡ、ㄉㄡㄉㄡ、ㄉㄡㄉㄡ、ㄉㄡㄉㄡ、　壓扁了

2. 泥漿像是我們的好朋友

   非常非常的親切

   來來　大家一起手牽手

3. 泥漿像是我們的母親

   非常 非常的　溫柔

   未來　大家一起進入吧

4. 泥漿像是我們的父親

   非常 非常的　強壯

   清楚　大家一起碰撞吧

對於沒什麼問題也不需要治療的幼兒，在開心的進去幾次之後就不再碰觸了。而真的需要治療的幼兒進入泥漿的方法很難解，這種行為是幼兒內心的呼叫。

　　有的幼兒每天都進入泥漿池，而且持續好幾個月，也有的卻進入後就不願意離開，也有完全不願意靠近，花了一年的時間才好不容易的把腳放進去等的情況。保育人員之間要不斷的針對幼兒所呈現出來的情況做討論，並且跟父母親面談，一起找出原因和解決問題。一直到再沒有任何幼兒想進入泥漿池的時候為止。

　　泥漿池像太陽、朋友、母親、父親的歌曲，在此把我們開始使用泥漿池之後所創作的歌介紹給大家。

　　一起唱看看吧！如果效果不錯的話，也請一起把泥漿曲唱出來。

注意事項

1. 雖然這是幼兒自發性的遊戲，但到處挖洞、把泥濘放掉、隨便搬動石頭等行為是對「自由」的誤會，每一個園所都要有自行制定的規則，不要讓自由變成放縱了。
2. 泥土的效用、玩泥漿的好處要讓父母非常清楚的知道，並且接受，將「弄髒了會被媽媽罵」的害怕解除。
3. 努力確保泥土。尋找正在挖掘的工地，確定土質後再向他們要一些帶回園所來。如果要去山上挖取紅色的黏土，也一定要找到土地所有權的主人，經過主人同意之後才可以挖取。
4. 泥漿池是一個光著腳進入的地方，所以不可以帶任何東西進入。必須時常檢查有否危險物品，不能有任何雜物。
5. 玩過泥漿池之後若只是靠班級老師一定會忙不過來，所以必須藉助其他職員或請父母親來幫忙沖洗身上的泥漿，並用肥皂來清洗，這些事情必須事先就計畫、安排好了。
6. 幼兒身上如果有傷口就不要進入泥漿池。而且最好要接種破傷風疫苗。
7. 要進入泥漿專用池中，最好要求穿著緊身游泳褲。

躲藏的地方

抓迷藏

「想玩抓迷藏的人集合！」

「好了嗎？」

「好了。」

雖然已難看到一群大大小小的幼兒聚集在一起玩捉迷藏的景象，但「不見了、不見了、哇！」用手把臉遮起來的遊戲還是很受嬰幼兒喜愛、歡迎的。二、三歲的幼兒很喜歡躲起來讓別人找。因此從捉迷藏的遊戲中也會演變出抓鬼、抓怪獸等更刺激有趣的遊戲。

幼兒從瞭解遊戲的規則性才開始真正能體會到捉迷藏這種遊戲的快樂，抱著興奮、期待又充滿驚險的心情說：「好了嗎？」、「好了。」理解到當鬼抓人、躲起來等待被人抓的角色差別，並且能扮演這兩種角色。這是一種充滿夢想和冒險性的團體遊戲。

其實也不用特別設置一個角落出來，因為幼兒會自己找到適合躲藏的地方但也可以設有一些專門的玩的地方，如棉被櫃和吊衣架等。

屬於幼兒們的世界

在大人無法進入的空間裡，幼兒可以完全依據自己的想像不斷地嘗試、實驗，或許結果是失敗的，但是每一件事都是透過自己親身體驗的結果，幼兒們的世界將因此而變得更為寬廣。

▲我們兩個想要一起玩，這是我們的秘密喔。穿著舊西裝、板著臉孔的是扮演著父親的角色，而拿著背嬰兒的背帶是媽媽的角色喔。

▲老師走了嗎？走了！走了！可以出來了。

▲「老師您為什麼跑來呢？」
　「在做什麼？」
　「不用擔心，我們沒有做壞事情。」

◀「可以了。」只記得遮住臉卻忘記將身體藏起來的三歲幼兒們。

第3章　沒有角落的角落教學二　113

▲剪刀、石頭、布,就算是下雨天也可以很盡興、快樂
的遊戲喔。

▲「我現在不想要畫畫耶。」我先躲在這
裡,直到老師找到我再說吧。

◀剛好,可以在這下雨的日子裡,跟好朋友
們一起聊聊天。彼此可以聊一聊相關話
題。

　　對幼兒來說,隱密的場所是他們培養自主能力的重要場所之一。在完全
沒有大人介入的情況下,幼兒會用自己的方式來解決、面對問題,並且學習
到如何與別人互動。

　　因此,校園或校舍在設計時請務必從幼兒的角度去思考、建造。通常傳
統教室都建造得正正方方的、桌椅的排列也十分整齊毫無變化,雖然整體陳
設讓人一目瞭然,但是對於大部分的時間都呆在這空間的幼兒來說卻是非常
無趣的。

▲撿念珠真是麻煩的一件事，我們兩個一起藏起來好了。

▲我們並不真的喜歡躲到這安靜的後巷來，是因為我們兩個有點
　無聊啦。

　　相對的在一個多元化的環境中，就算是遇到下雨天，還是可以自由自在
的遊走或找其他班級的同伴玩耍、交流。

逃離大人或團體的地方

　　當幼兒感覺被壓迫，心情非常難過且覺得不舒服的時候，會希望找到一
個大人看不到的地方躲起來獨處。這種情形跟前面所提的躲藏就有所不同
了。遇到有這樣需求的幼兒，就可以將大人比較沒有管理的地方變成他們的
角落了。

▲聽說很久、很久以前的人，都會躲在這水泥管中思考問題。我也是，我正在思考用餐有那些禮儀呢？

◀ 老師好像沒有發現我們躲在這裡耶？她會不會把我們忘記，自己出門去了呢？

▲老師，您看他躲在裡面了。呀！是變成小白兔了嗎？不能出來了。

▲到寬廣的大草原去旅行，在藍天白雲下吃便當，不再只是想像中的事了。不過躲在展望台下吃便當，也不錯了。

出現在這個地方的幼兒有時會想支配自己的時間，希望能離開朋友一會兒，但又會躲起來偷看他們正在做些什麼。也有被團體排斥因而退回自己的保護殼中，或是想跟大家一起玩，卻又覺得壓力太大，無法與其他人協調……等。

在這個地方您可能會發現到集體躲起來的小團體或是在裡面互相交換東西的人。也可能有人正在這裡欺負同伴或破壞東西呢！其實這些行為是幼兒所發出「我很寂寞」、「我也想當他們的好朋友」、「幫我，我很不安」……等的危險信號，幼兒就是透過這些信號訴說著許多類似的問題。

在大人比較無法看到的地方，幼兒在想什麼、做什麼？保育人員都要記得在觀察後，針對每一位幼兒的情況設計指導方案，協助每一位幼兒走出困擾的世界。

注意事項

1. 絕對要完全信任、信賴幼兒。
2. 記得要用心觀看幼兒的行動，不要讓它變成放任。同事之間也要經常交換情報，要儘量瞭解幼兒一整天的活動情形。
3. 要經常檢查有沒有危險的地方。
4. 年紀較輕、經驗較少的保育人員總會希望幼兒一直都待在自己身旁。應該多請教有經驗的保育人員，如何觀察、瞭解幼兒心理狀態。
5. 實行開放教育型態的保育工作，全園教職員工的協調、合作是很重要的條件之一，所以全園的教職員工要熟悉並且瞭解園所每一位幼兒的情況，用愛守護他們，用愛為出發點一起來討論、面對問題。

園舍──遊戲的集合體

　　從角落教學的角度來考慮的話，園舍應以保育觀和保育哲學為基本來建造，才是最理想的。

　　當要討論室內角落教學時，需要詢問每天和幼兒一起使用著教室的保育人員之外，園所長和建築師必須站在幼兒的立場來設計、改造，期待教室的構造是配合教育理念和走向來建造的。

　　園舍是幼兒每天生活的場所，而幼兒的生活是由遊戲構成的，所以園舍應該是幼兒的遊戲場所才對，不應該只是排列整齊的桌椅，以及安靜坐好等待聽老師上課的環境而已，也不該當做像一般家庭一樣只是一個安靜、休息的場所。

　　一個屬於幼兒生活、遊戲的園舍，不但可以做激烈活動，還是一個可以提供休息的地方。

像大型遊樂器的園舍

　　提出了「教室應該是幼兒的遊樂場所之一」的想法之後，也打破了認為教室一定要正正方方的傳統觀念，再根據幼兒每個階段的發展和需求，著手增加園舍空間或改建變成巨大的遊樂器。

　　爬高、跳遠、走單槓、垂吊、滾動……等可以活動身體、挑戰自己的能力是幼兒階段非常需要且喜愛的，因此園舍的構造要依據幼兒的需要來設計。

　　依據幼兒年齡層可分出不同的活動程度如大班、小班爬桿的長度就必須有所差距，還有樓梯、渡橋、台階、單槓、溜滑梯扶手……等設備都可以讓

▲在野中園舍的裡面，一直往內走，有
一把可以通往2樓層的梯子。非常受到
幼兒的好評，因為爬上去好像到了船
隻的甲板一樣呢。

◀ 你看！只是把欄杆稍微往外延長，這
麼簡單的設計就可以讓我們懸掛、垂
吊，真好。

它們成為園舍的一部分。

　　再將棉被櫃空出一半或櫥櫃的一部分布置成隱藏角，如果有像閣樓或天
花板的夾層處，大人想進入卻無法進入的地方就更理想了。記住！這個角落
千萬不可以拿來當做處罰幼兒或將幼兒關進去。要讓幼兒自己想進入時隨時
都可以使用。最重要的是在環境中設置一個適合當隱藏角的場所。

　　設計時要記得把整理櫃也列入設備中且整體的設計儘量能與建築結構連
在一起。同時要避免將之放置在會妨礙幼兒遊戲的動線上，還要方便使用。

▲在園所內部，挑高2樓用水泥搭建了通道。這通道除了能讓教室彼此可以互通外，很像迷宮，讓幼兒在裡面可以擁有更大的想像空間。

▲挑高2樓處有一個陽台，幼兒們將它當作電梯在使用。

▲幼幼班的教室在彩虹舞台的後面，下面的教室也可以接通舞台區。所以大家可以透過共用的彩虹舞台區和廣場來做交流。

◀ 三歲幼兒的教室：幼兒們常會躲到保育人員所布置的帳棚裡。右後方的紙箱也很受歡迎。

▲這是幼幼班用紙箱所製作的房屋，小朋友常常會進進出出快樂的遊玩著。

▲兩間教室相通，不但可以當舞台，還可以引起我們扮演的興趣呢。

　　在建造一個讓全園的幼兒都可以很自由交流場所的過程中，可以跟幼兒一起研究、討論如何讓整個園所變成一個小型的社會。如果每一間教室都是各自獨立的空間，就無法看到幼幼班的幼兒出現在大班教室中遊玩或中班幼兒到幼幼班做交流的景象了。因此要將整體環境設計，建造成可以自然互通、交流的通道。

　　從這整個園所的建築構造中不難發現，它已經融合了托兒所六大領域的教育目標和角落的基本理論了。

▲每一間教室都會依據幼兒的需求來決定大小。教室內都有自己的廁所、水漕和門,所以都擁有自己
獨立的空間。

◀ 二歲幼兒的教室內有廚房,而且特別設計了很多可
以躲藏的地方,讓幼兒的探索活動內容更加豐富。

▲園所內，只要是三歲以上的教室都會裝設爬竿。幼兒的用品收納處也都會設在幼兒容易拿取的地點。

平房式的教室

　　讓幼兒可以在大自然裡玩到忘記時間是最理想的環境，在二、三樓以上的教室除了離地面太遠之外，到戶外的機會也相對會減少。所以教室儘量建造在接觸地面的場所，與大地為伍，最好任何一間教室都可以馬上通到戶外。

　　對於那些住在高樓大廈的幼兒們，教室最好以平房為主。除了剛在學走路的嬰幼兒可以自行走到戶外遊玩，是培養自主能力的第一步之外。平房還有一個很重要的優點，當火災、地震發生時，要逃離比較方便，安全性也比較高。因此就讓教室跟大地結合成一體吧！

獨立空間

　　如果園所是依年齡來分班時，在能自由的和別的班級做構造的交流中，就需要上一些個別的課程，而且規則是重要的。這時候每一間教室的隔音和獨立的空間就必須是完全不會受到干擾才行，所以每一間教室中，最好也都能夠安設專屬的廁所和飲水處。

　　至於教室與教室之間能相通的地方，皆是以第三空間的方式來處理，每一間教室把該預留的部分規劃出來後，再找尋多餘的場所來利用，例如，挑高的二樓能相通，後面小巷子或迷宮一樣的路，設計成彼此可以共用的廣場或通道。

◀ 下面是蛇地獄。在紙箱的中間放入軟墊，有一位五歲的幼兒正從挑高的2樓往下跳呢。

1. 當學校的設備無法配合課程設計，而幼兒的活動內容和使用情形與事先預設的也不相同時，保育人員要準確的記錄下來，確實瞭解幼兒的使用情形，讓保育內容更能符合幼兒的實際需求。至於如何和幼兒一起在整個環境上運用自如，真正成為使用它的主人，則是保育人員需要好好研究的一大課題。

2. 為了讓幼兒能自由的使用整個空間，往來於各個教室，保育人員彼此之間不但要有好的點子，也要建立互相協助、幫忙的態度。而要實行開放教育的形態就必須依靠全體教職員在多次召開的教務會議中徹底的討論、協商。

   在這裡也建議新進人員要有自信的將自己的意見說出來彼此討論，不要一味的附和舊的保育人員的想法和作法，而把自己的意見都犧牲掉了。

園內的任何地方都是角落

向大地扎根

在現代的社會中，幼兒大部分的時間都被關在家中，活動以室內遊戲為主。所以期待園所能在允許的範圍內，多安排戶外教學的活動，提供多一些讓幼兒能接觸陽光和土地與大自然為伍的機會。

因此對於幼兒每天有大半的時間都在園所裡，我們必須很周詳的規劃戶外活動，這是教保工作中很重要的一環。

成立一所園所，基本上只要擁有教室和戶外空間之後就沒什麼大問題了。接著就是保育人員的課程設計。可是當您在設計課程之前，請想一想：「目前幼兒的狀況如何？」、「與幼兒互動的環境是什麼？」再仔細地看看園內一切的設備，將這些列入課程設計中。

普遍看來，大部分園所的設備都是固定的遊樂器具、運動場、花台……等的形式。其實除了這些設備之外，若能再加入公園、廢物放置區和菜圃……等的空間，將會使園所課程內容的設計更加豐富。

讓每天從早到晚都在園所生活的幼兒，擁有一個有水、土、綠地的寬廣場所的好環境，為幼兒未來的人生奠定良好的基礎。

1.固定遊樂器具

在自己的園所中仔細觀察，這十年、二十年來一直都固定在同一個場所的大型遊樂器具，幼兒使用的情形如何？它占據的空間是否存在？相對的有沒有影響到幼兒的活動動線……等的問題。其實固定的東西對幼兒來說是比

▲野中托兒所的園舍構造像一座大型遊樂器材,裡面有菜園、公園和廢材料(如廢汽車)等的設備,
可稱作爲阿波羅廣場。

◀野中圓形場是屬於大家的集合地
點,也是一座運動場。

▲馬拉松角落一圈是176公尺，在跑步時可以經過柿子樹、樹林……等的地方，這是一場不用擔心名次的遊戲，所以不管是誰都會很喜歡。

▲很早就把游泳池變成釣魚場了。釣到的魚用鐵板來烤熟，最後連魚骨頭都想吃掉。

▲哇！爬到高處後，感覺真舒服耶。4公尺是三歲幼兒專用的、四歲是六公尺、五歲的就是8公尺了。每長大一歲，就有不同長度的爬竿可以爬，所以不管是誰都有竿子可以使用了。

較無法做變化，如果試將這些遊樂器具移開或搬走，而改成放置沙堆、土堆或是可以自己自由的搬動、破壞、製作的東西，遊戲內容的變化也會比較多，而且將會出現許多有趣的情形喔！

　　如果園所內的固定遊樂器具是無法移走的，就要留意一些使玩法無法做變化的規定。例如，不應該一味的禁止幼兒從溜滑梯下面往上爬，因為約定、規則、禁止，只是在事情出現時才有作用，幼兒不見得能夠完全瞭解，幼兒應該瞭解，並且學會自行判斷，當有人要從上面滑下來時 ，就不能由下往上爬，這樣的安全教育比什麼規定都要來得重要。

▲今天的點心是柿子，所以自己的點心要自己親手
採。好吧！你放心，我一定採一顆最甜的下來。

▲爸爸，謝謝您送我的踩高蹺。所有的踩高蹺
都是我爸爸做的喔。「爸爸，我的身體還要
再往前。」

▲在三歲幼兒的教室外，有木板和稻草搭建成的房子。板子可以拆下來
玩打戰遊戲使用。

▲好可愛的馬鈴薯哦！再把它洗乾淨一點吧。

　　所以除了可能會使幼兒受到大傷害而造成死亡的情況之外，儘量不要用禁止的方式來處理。要用積極的方式來教導幼兒們認識安全教育。

2.運動場

　　隨著年齡的成長，幼兒的遊戲內容會出現不同的團體遊戲。例如，球類（如棒球、足球、躲避球）、跳繩、拔河、賽跑……等，而這些團體遊戲需要一個沒有任何障礙物且寬廣、平坦的運動場。

　　透過這些團體遊戲並且遵守遊戲規則，幼兒不但瞭解到遊戲的樂趣，也增加了遊戲的趣味性，從中學習到人際關係的方式。

3.花台

　　一年四季都有花可以欣賞的環境，不但可以滋潤人的心靈、讓人安心也

▲丫！木材是不是濕掉了呢？如果沒有點燃，馬鈴薯就無法煮熟了。哎呀！好多煙哦。

◀我正計劃著如何
向外頭逃跑呢。
園長媽媽，我不
是石頭上的裝飾
品啦。

提供幼兒觀賞花的空間，從種植、照顧的過程中幼兒可以學習到更多的事物。

對於每天忙碌的父母來說，這更是一個可以休息且放鬆和照顧自己心靈的地方。

4.公園

在公園裡有樹木、長椅、池塘、小河川、石頭、散步道、廣場、沙坑、小動物……等的設備。提供給大家一個可以躲藏、爬樹、攀爬或是玩扮家家酒、捉迷藏、抓蟲子、玩水等活動的場所，所以可以一整天都待在這個有趣的地方遊玩。

期待每一個幼兒都有一個可以盡情遊玩的寬廣庭院。

5.廢物放置區

對大人來說，已經沒有任何的用途和價值的物品，幼兒會視爲寶物，往往讓大人覺得不可思議！但是從幼兒發現這些物品時，那發亮的眼神看來，我們必須從新的角度來看待這個角落。

幼兒在這個區域可以看到到處都是小石塊以及滾來滾去的木棒，會覺得很開心、很快樂。因爲只要一根木棒就可以玩出變化多端的遊戲。例如，在地上畫畫、在操場中間畫線、假裝是一支刀插在腰上或是變成忍者把劍背在身後，還有揮打樹叢讓它發出聲音、發洩積憤、殺頭或設定目標投射……等。最後還可以把它變成要煮收成的農作物的木材，用途非常的多。

當幼兒在這些區域活動時，如果出現干擾到自己走路或取用需要的障礙物時，幼兒會感到很生氣，雖然不願意但是又非得自己動手收拾整理不可。在整理的過程中瞭解到各種物品特性的不同和學會了如何整理以後，要找尋自己的所需也方便許多。幼兒體會到整理的快樂之外，也學習到依靠自己的能力找到所需要用的物品。

孩子大約要到小學中、高年級之後，才能具有發自內心、主動動手收拾環境的能力，但希望各位能從幼兒期就讓幼兒經常利用廢物來遊戲，培養喜

歡追根究底、找尋方法的求知精神。

6.菜圃

種植可以吃的植物是一件多麼有吸引力的事情。

幼兒只知道飯是鍋子煮出來、菜是從超市買回來的，如果可以帶著他親手在實際的環境中耕田、播種，又在收成後親自放入鍋裡、點火煮熟，將會發現幼兒第一次吃到自己種植的食物時那種快樂的神情，也因此而更加珍惜食物，像這樣的經驗是可以多提供給他們。

第一次可以先從白蘿蔔、小黃瓜、蕃茄或扁豆……等簡單、容易種植的植物開始，往後再種植類似蕃薯、馬鈴薯等需要長一點的時間才可以收成的植物。

就算是根部、菜葉等比較硬不好吃的部位，凡是在園內場所烹煮的食物，幼兒們也幾乎會將它全部吃完，感到驚訝吧！在這豐衣足食的年代裡，能在用餐後還將鍋子、盤子都舔得乾乾淨淨是很難得的。

對於一些封閉自己不願加入別人的幼兒，也會因為親自經歷種植及煮食的過程而想吃到得來不易的成果，也會變得非常積極的參與。

所以，請在園內設置一個菜圃的角落出來吧！

以上六個場所，如果要以優先順序來說，可以先有4.5.6之後再加上1.2.3的方式設置。

1. 很期待擁有一個充滿希望的人生，所以不要被原有的場所和現實狀態給阻礙了，要努力的在現實中找到實現理想的園所環境和保育方法出來，建立出理想的保育者團體。

2. 學習如何保護大自然是一個很重要的課程。所以不要只注意自己的園所、對外面周圍的環境也必須關心。

3. 角落的設置以幼兒為主，保育人員和父母只需要扮演協助的角色。不要讓角落看起來非常豪華、漂亮卻不實用。能讓幼兒運用自如比較重要。

4. 要記得常常補充物品，像廢棄汽車，如果有家長剛好要淘汰車子，可以將它買起來，還有泥漿池的土，遇到有工地在挖掘地基時，可以將好土質的土壤蒐集起來。

5. 種植一些幼兒在遊戲時就可以隨手摘下來食用的植物，例如，茉荑、桑椹、櫻桃、柿子、草莓……等。

6. 要整理、維護寬廣的校園是一件不容易的事情，所以可以讓父母親清楚瞭解到整個園所都是幼兒的遊戲場所，在瞭解它的重要性之後，能主動的愛護並且幫忙整理及做維護的工作。

第4章

角落是幼兒創造出來的

戶外教學可以體驗到園內所體驗不到的快樂

鹽川：我們的園所有娃娃車在接送，所以跟以前沒有娃娃車時比起來，幼兒好像比較不喜歡動了。再者大家也感覺到現在的幼兒都不知道怎麼玩？真希望能再看到幼兒們非常盡興、快樂遊玩的樣子。所以期待能找尋到現今幼兒最適合的角落出來。

後藤：走路的問題嗎？戶外教學。

現代的幼兒比較少有走路、散步的機會。所以帶著他們和心愛的小狗一起散步到附近的公園遊玩，沿路還可以找尋樹莓一起分享。踏出園內到戶外去，會發覺到不同的樂趣和驚喜喔。

早川：說到動物的問題，現代家庭中越來越多不能飼養貓、狗……等寵物了。所以我們在園所內飼養了幾隻小狗，您知道嗎？有些原本都九點鐘才會入園的幼兒，為了要帶小狗散步，在八點的時候就到園所了。還有，會看到三、四位一起拉著一隻狗的畫面出現，因為小狗長大，力氣也會相對的變大，幼兒們卻不認輸的一定要牽著它。

幼兒們非常喜歡到戶外去，就算是從正門出、後門進來的散步也一樣受歡迎。但現今的幼兒要瞭解自己體力的極限在那裡的機會減少了，所以保育人員儘量找尋一些可以訓練體力的場所出來，利用戶外散步的機會提供，可以攀登、跳下來、爬上去或凹凸不平的道路……等的地方，讓幼兒用盡全身的體力來挑戰。而不只是輕輕鬆鬆的散步而已。

後藤：對呀！有時一走出園所，需要跨過大水溝時，有的幼兒就直接跳過去，有的則是小心翼翼的先爬下水溝再慢慢爬上來，有許多不同的方式和反應。觀察幼兒們處理問題時的態度是非常有趣的一件事。

早川：對呀！上次到田裡，還有人走二、三公分寬的田埂時，掉到田裡的呢。（笑）

植松：總感覺到室內的遊戲會被時間限制，而戶外的遊戲比較可以長期性的持續下去。常可以看到幼兒早上到園所後，將該做的事情處理好後，就跑到戶外一直持續到回家的時候。在一個充滿大自然的環境中，遊戲內容可以更豐富、更持久。

鹽川：是嗎？您所指的是那些遊戲呢？

植松：例如，抓螯蝦、螃蟹或只找尋昆蟲等等，就算是午睡醒來，張開眼睛的第一件事就是跑去看這些昆蟲還在不在。

鹽川：這個園所的設計者仙田先生所著作的橫濱《幼兒的王國》的書中就有提出，要儘量讓幼兒在山裡、原野中遊玩。例如，設置一個大水池、卻沒有任何可以捕抓的生物在裡頭，那就沒有採集的功能性存在了。對幼兒來說水池內有生物存在，才是最好的環境。

植松：當有蜥蜴跑出來、青蛙跳出來或發現叩頭蟲、蜈蚣……等，可以發現到一些幼兒想盡辦法抓昆蟲，並且找圖鑑。還有人會從家裡抓昆蟲來學校，甚至還有人非抓到蜥蜴不可。

鹽川：對呀！園所內就有人到處尋找蜥蜴呢。（笑）

後藤：去年，我們班非常熱衷在土山堆的泥漿中玩耍，一直到二月分非常寒冷的季節，也一樣穿著衣物持續的遊玩。看到幼兒那宛如在夢中、專注的樣子真的非常有趣，讓人很感動。也常有幼兒會跑來告知老師：「您看，我挖了一個地洞耶！」而通常我會稱讚他：「好棒喔！挖一個這樣好的地洞。」來鼓勵、提高幼兒的成就感。

從這些過程，讓我更加感受到泥土對幼兒的吸引力。

鹽川：真的呀！那幼兒挖完地洞之後有做什麼活動嗎？

後藤：有幼兒持續了一年挖地洞的遊戲，本來以為一年的生活就這樣結束了，但當我們在商討發表會的創新劇時，就有幼兒提出說：「一起挖地

洞」、「地洞挖掘」……等戲碼的意見。就這樣變成故事內容了。幼兒將平常挖地洞的動作和聲音「呦！咿！咻、呦！咿！咻」變成台詞和歌曲搬上舞台。真正體會到幼兒已經將生活經驗結合到戲劇裡了。

鹽川：最後到底挖了多深的地洞呢？

後藤：大約到幼兒胸部左右的深度。

鹽川：那個洞只是一個人挖的嗎？

後藤：幼兒們每天會自己相互交換做挖掘的工作，在結束的時候我會用：「哇！好厲害！」讚美的話來鼓勵他們。

鹽川：只有一個地洞嗎？還是有好多個呢？

後藤：一個地洞有幾位幼兒一起挖。大部分是喜歡泥土的同好。

櫻井：我們班也是，大部分會到土山堆遊玩，在戶外遊玩的時間比在教室中還長，而且遊戲內容也比較持久。

如果在教室內玩扮家家酒，常常因吃午餐而中斷，就很少看到他們持續玩下去。但是，如果一早來就在土山堆遊玩的人，就算中途因為蛀牙的課程請牙醫師來，請他們先把身體洗乾淨進來參加這個課程，而打斷他們遊玩的內容。只要課一結束就會看到這一群幼兒立刻往外跑的景象。就連吃完午餐到午睡前的空檔時間也不放過。

班上大概有五、六位男生和二位女生，每天都固定在土山堆遊玩，而且連睡午覺、吃完點心之後都一直玩到回家時間。不知道他們這樣要持續多久的時間？不過有時候也看到他們好像在做水道管的閘門。

我發現，其實不要提供幼兒現成品，應該是給他們一些可以利用的廢棄物，如此一來幼兒的作品可以更加特別，而且更有創意。您知道嗎？有時候保育人員想要幫忙，他們還會生氣呢！如果告訴他們收拾時間到了，有人不太願意的話，就必須跟他保證「會把它留到明天。」才會願意收拾，安心回家呢！觀察他們在戶外的遊戲內容真是一件有趣的事情。

植松：我也有發現，其實幼兒在教室中，同儕間的關係比較沒有辦法很

密切。大部分都是在娃娃家玩扮演時、演著媽媽的角色……等的互動。

　　但在戶外，看幼兒們一起遊戲時，彼此的互動卻比較密切、頻繁。

　　鹽川：在戶外，幼兒可以想像自己是一隻小鳥在天空上飛翔，讓想像世界不斷的擴大。因為戶外的遊樂器具可以依自己的想像，做無限的變化，所以在使用時也比較容易起爭執和衝突，需要協調的機會就相對的增加了許多。

　　教室內的遊戲內容就比較受限，而且內容和規則大都是固定的。相對的衝突機會也減少了。

　　植松：對呀！像娃娃家的扮演遊戲，戶外與室內就有很明顯的差異了。

以幼兒自發性的遊戲為出發點

　　鹽川：當保育的重點放在幼兒自發性的遊戲上，保育環境就是很重要的一環。而普遍的角落教學大都是分區擺設，以這一區為娃娃家、那裡是美勞角的方式呈現。

　　櫻井：我今年四月分（譯註：剛開學）前在教室裡擺設角落。在擺設時會考慮到幼兒會到這裡玩嗎？他們對那裡會不會有興趣呢？期待能設計出完美的角落教學環境出來。可是後來還是無法像我想像的一樣。

　　只要提到角落教學，大概就會聯想到在教室的各角落設置娃娃家、美勞角等等的擺設。但幼兒往往不會依照大人所擺設的方式遊玩，他們總是會把這裡的玩具往那邊搬，找尋自己喜歡的地方，發展自己的遊戲內容。

　　鹽川：其實依照幼兒的年齡、學期階段的不同，每天的保育時間中，有一段時間是必須由保育人員來主導、決定場所和課程內容的。就算是四歲的班級也必須很注意場所、環境的設置問題。

　　植松：我就很喜歡變化教室內的擺設。在設置時我會從幼兒的角度去思考，所以學期初和學期中的擺設一定會有所不同。讓我自己一直保持高度的

敏感度。例如，這張桌子往那個角落放，幼兒會更加利用、發展不同的遊戲內容或遊戲比較好持續等等變化教室的擺設。

不要讓自己變成只會模仿別人的模式。

目前，我四歲的教室內有放教具的角落、寬廣的區域、狹窄的房間角落……等，讓幼兒可以自由使用、變化屬於自己的遊戲場所。

我非常重視可以讓幼兒自由使用的空間，他們可以拿著自己喜歡的玩具到喜歡的場所、發展自己的遊戲內容，也會適時的放一些幼兒喜歡的遊戲器具，如溜滑梯等。

也會針對幼兒的每一個不同的時期，設置出不同的角落來。像充滿紙張的角落，還有隱藏角可以遠離大人的監視，盡情的遊玩等等。我會儘量多設置一些可以讓幼兒非常快樂、盡情遊戲的場所。

鹽川：那幼兒在這些場所的反應如何呢？

植松：如果是有玩具的角落就比較沒有什麼變化和發展性，但如果是把玩具搬到自己想去的場所時，會發現幼兒的遊戲內容比較有自己的主張性，而且會將很多的物品做轉變和做不同的利用來遊玩。

櫻井：當我看到幼兒拿著娃娃、玩具槍、廢棄物或玩家家酒的道具……等到自己喜歡的地方遊玩時，都會有「幼兒的遊戲場所還是應該讓幼兒自己創造出來」的深刻感受。

(角落是幼兒們創造出來的)

植松：在一間什麼都沒有放置的空間，幼兒們會在短時間內搬運自己遊戲時需要的物品，把這個地方變成了角落。從這樣的方式中，可以發現他們非常盡興、充滿活力的遊戲著。

櫻井：是指幼兒透過自己的遊戲內容，把場所變成我們所謂的角落是嗎？

鹽川：所謂的角落教學這個部分是很重要的。不過有一些人的想法是要限制進入角落的人數，大概都限制幾人呢？

植松：大概五人左右。

鹽川：其實我們已經有提到，當幼兒把大人擺放在角落的物品，搬運到自己喜歡的地方遊玩時，幼兒的反應是比較快樂、投入的。實際上是這樣嗎？有沒有把幼兒實際在玩的情況做一個觀察呢？

後藤：以我們的園所來說，園區內有很多地方是保育人員比較無法看到的地方，像大班的教室、陽台的角落，還有必須走到裡面的樓梯再往上爬的房間等等。

這些場所到目前為止，放置好多的玩具在裡面，雖然只有固定的幾位幼兒在使用，但使用得非常頻繁。看到這樣的情形，讓我深刻的感受，到像這樣的場所是非常重要的。

幼兒在這些場所遊戲時，遊戲的內容發展及變化非常多，所以玩具的替換也非常頻繁。從這樣的過程中可以感受到，幼兒是非常快樂的投入在遊戲當中。

早川：角落教學給人的印象，就是在教室的四周設置娃娃角，放置扮演用的道具，但是對幼兒來說並不是如此，在玩扮家家酒時除了扮演的道具之外，也會把積木拿進來使用。

用積木做成一個家，把角落的道具擺放進去、在裡面遊戲。也可能把書拿到裡面閱讀呢。

幼兒的遊戲就是像這樣一直發展下去的。

鹽川：照這樣的意思來解釋的話，所謂的遊戲場所，應該是把放置玩具、教具的地方確定之後，再從這個地方將物品拿出去玩而變成角落，而且不應該是大人設置的，是從幼兒自發性的遊戲過程中創造出來的角落。

幼兒保育概論

編 著 者☞ 鹽川壽平、京極壽滿子
寫　　真☞ 鹽川壽豐子
譯　　者☞ 楊秀慧
出 版 者☞ 揚智文化事業股份有限公司
發 行 人☞ 葉忠賢
總 編 輯☞ 林新倫
副總編輯☞ 賴筱彌
執行編輯☞ 吳曉芳
登 記 證☞ 局版北市業字第 1117 號
地　　址☞ 台北市新生南路三段 88 號 5 樓之 6
電　　話☞ （02）23660309
傳　　真☞ （02）23660310
郵撥帳號☞ 14534976
戶　　名☞ 揚智文化事業股份有限公司
法律顧問☞ 北辰著作權事務所　蕭雄淋律師
印　　刷☞ 鼎易印刷事業股份有限公司
初版一刷☞ 2002 年 12 月
I S B N☞ 957-818-453-0
定　　價☞ 新台幣 200 元
網　　址☞ http://www.ycrc.com.tw
E-m a i l☞ book3@ycrc.com.tw
EARLY CHILDHOOD CARE by Juhei Shiokawa, Sumako Kyogoku, Suzuko Shiokawa
Copyright © 1987 by Juhei Shiokawa, Sumako Kyogoku, Suzuko Shiokawa
First published in Japan in 1987 under the title "KŌNĀ NO NAI KŌNĀ NO HOIKU"
by FROEBEL-KAN Co., Ltd.
Chinese translation rights arranged with FROEBEL-KAN Co., Ltd., through Japan
Foreign-Rights Centre & Bardon-Chinese Media Agency
All rights reserved.

國家圖書館出版品預行編目資料

幼兒保育概論 ＝ Early childhood care / 鹽川
　　壽平, 京極壽滿子編著；鹽川壽豐子寫真；
　　楊秀慧譯.－ 初版.－ 臺北市：揚智文化,
　　2002[民 91]
　　　面；　公分

　ISBN：957-818-453-0（平裝）

1.學前教育 － 教學法

523.23　　　　　　　　　　　91018820